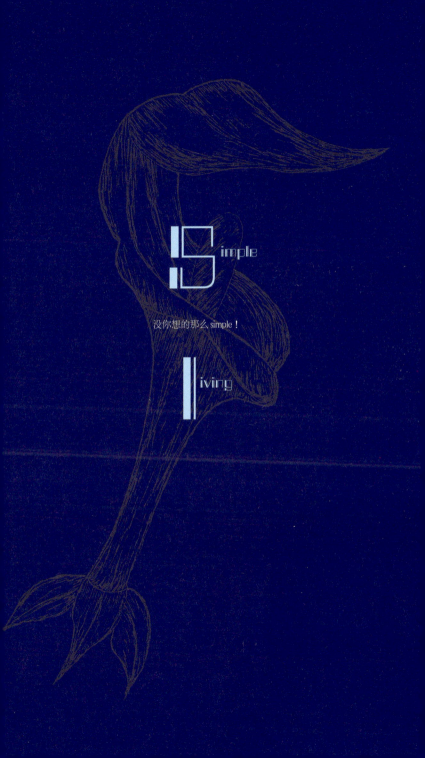

Simple

没你想的那么 simple！

living

The Wisdom of Frugality
Why Less is More - More or Less

The Wisdom of Frugality: Why Less is More - More or Less

By Emrys Westacott

本简体中文版翻译由台湾远足文化事业股份公司 / 左岸出版授权。

EMRYS WESTACOTT

〔美〕埃默里斯·韦斯特科特 —— 著

叶品岑 —— 译

简朴的
哲学

为什么
少就是多？

社会科学文献出版社
SOCIAL SCIENCES ACADEMIC PRESS (CHINA)

绪 论

我们应该把节俭当作一种道德德行吗？几乎所有我熟悉的重要哲学家都认为应该。但道理是什么呢？

——本书作者

两千多年来，节俭和简约生活受到智者的推崇。哲人、先知、圣人、诗人、文化评论家，以及所有与"睿智"沾上边的人，似乎都对此持有共识。节俭与简朴值得赞扬，挥霍与奢侈令人摇头。

这一观点至今仍受到大力推广。每年都有许多新书冒出来，敦促我们生活得更节俭一些，建议我们如何花得更少、存得更多，批判消费主义，或是宣扬简约生活的乐趣与益处。[1]专门讨论节俭、简约生活、精简术或放慢生活节奏的网站与博客声势浩大。[2]上千家超级市场的结账柜台都陈列着《简约生活》杂志。

这些书籍、杂志、电子杂志、网站和博客都充满了好主意和名言佳句。某些主要提供关于个人财务的建议，并搭配别出心裁又实用的省钱小贴士（建议通常很棒，小贴士则参差不齐。我从爱美·迪希逊的《吝啬鬼公报》学到如何利用空牛奶盒制作马桶刷座，然后我再也没买过马桶刷座！然而，她声称调和真假枫糖浆在味道上不会有明显差异，这个伎俩却未通过我家的品尝测验）。虽然这些建议当中有些主要把节俭当作一种致富的方法，或至少有助于达到财务独立，但多数关注的并不单单是如何搜集优惠券、如何对账，又或是如何善用过熟的香蕉，它们本质上关乎生活方式的选择与价值观。这些想法虽然不是哲学作品，但仍然与一个在西方世界至少可追溯至苏格拉底的古老哲学传统密不可分，甚至受到这个哲学传统的支持。这个传统形成了一种道德观点——更精确地说应该是一个习气相近的"道德意见家族"——把节俭与简朴和美德、智慧与幸福联系在一起。节俭与简朴的代表们一贯地批评奢侈、浪费、物质主义、消费主义、工作狂、竞争，以及很多人的生活方式所呈现的其他种种特征，然后提供和道德纯净、心灵健全、共享、自给自足和珍惜自然等价值相连的另类理想。

我们或许可将提倡节俭朴实的出版物的泛滥视为当前社会价值观和生活方式正经历或即将出现重大改变的证据。不过，有鉴于相同信息已被哲学家孜孜不倦地推广了数千年，世界却未因此让节俭当道，我们应保持冷静，别太兴奋。很多人嘴巴上支持节俭与简朴的理念，但我们鲜少看到政治人物试图端出以"返璞归真才是美好生活"为指导原则的政策来赢得选票。相反，政治人物口口声声承诺的、政府绞尽脑汁提升的，是社会的生产与消费水平。实现经济持续增长的价值观不容挑战。虽然市面上提倡简朴的作品比比皆是，但是从行为来看，无论在哪里，多数人似乎更常把快乐和挥霍联想在一起，而不是和节俭。

理解这一矛盾的一个角度是把它视为反映人类之伪善的经典范例。但这解释有过度简化之虞，首先，始终节俭度日或明摆着大肆挥霍的人很多，光是这点就推翻了伪善的解释。宣扬与实践之间的落差，口耳相传的智慧和我们的文化特性之间的落差，反映了两大美好生活概念之间的深层对立，两者在我们的知识文化传统中都有稳固基础。类似2008年的经济衰退事件使对立升温，并且更加无法被人们忽视。时局艰难激发人们对省钱理论与实践的全新兴趣，同时使人们更加期待看见并享受到消费主义生活的回归。

多数关于节俭和简约生活的书籍和文章都是论辩式的：目标是批评崇尚物质的想法、价值和行为，并提倡另类的思维和生存方式。尽管我确实赞同那些推荐的观点（我的家人可以做证，我在实际生活中就像个经官方认证的吝啬鬼），但本书无意为任何观念护航。期待看见消费主义被扒皮的读者将感到失望。虽然我有时会针对可能的批评，捍卫"节俭哲学"的部分信条，特别是最后两章，但本书的目的不是告诉读者：你必须改变你的生活！相反，本书是一部哲学散文，是对与节俭和简朴概念相关的一系列问题的延伸性沉思，这番沉思首先介绍思想史上的几个特定流派，以便阐明问题，提供一个讨论的基础，检视古老智慧在今日是否仍经得起考验。

本书起源于针对节俭的一项研究，但我很快意识到若要讨论节俭（frugality），就很难不触及简朴（simplicity）或简约生活（simple living）的概念。自古以来，这两个概念经常被绑在一起，而且被当成一个美德与价值的整体来进行讨论。在很大程度上，本书也不例外。为了保持文字简练，我会使用像是"节俭智者"（the frugal sages）、"节俭哲学"（the philosophy of frugality）或"节俭传统"（the frugal tradition）这样的标签，但无论遣词用字为何，我所指的始终是把节俭与简朴和智慧、美德与幸福联系在一起的哲学传统。

我展开研究的问题很简单：我们应该把节俭当作一种道德德行（moral virtue）吗？几乎所有我熟悉的重要哲学家都认为应该。但道理是什么呢？

这些问题很快又引发一连串其他问题。举例来说：

- 为什么有这么多哲学家把简约的生活等同于美好的生活？
- 为什么简约生活经常和智慧沾上边？
- 挥霍和纵欲应该被视为道德缺陷吗？若然，道理是什么？
- 假设一个人确实有挥金如土的财力，挥霍浪费仍是不明智的，或道德上应受谴责的吗？
- 除了关心对个人的影响，有没有哪些支持或反对节俭朴实的论述是聚焦于社会的？
- 节俭有没有可能是个过时的价值观，就像捍卫贞洁，或要求小孩安静服从，已是多数人不再视为重要道德德行的特质？

　　第一章检视"节俭"和"简朴"指的是什么，挑出我认为最重要的意义，通过爬梳哲学传统，以其中的特定人物为范例，进一步充实这些说明。在区别道德理由（moral reasoning）和自利理由（prudential reasoning）① 的初步讨论后，第二章

---

① "prudential"本义为审慎的、精明的。在哲学讨论中，"prudential reasoning"一般侧重强调其自利的性质，即为了实现自身利益或幸福而做某事。因而本书结合语境，统一采用"自利理由"的译法。——编者注

检视一般认为简约生活有助于提升道德德行的主要论点。这只是节俭智者提出的众多重要主张之一。第三章检视他们的另一个重要主张，即简约生活使人幸福。

尽管贤明智者一致认为简约生活比奢侈生活好，节俭比挥霍好，但他们当中几乎没有人曾花时间思考这一观点可能招来哪些严肃的反对论述。第四章和第五章试图弥补这个缺陷，其中第四章讨论节俭的危险，以及财富和聚敛（acquisitiveness）的优点，第五章则思索有哪些支持挥霍的理由。

伊壁鸠鲁学派、斯多葛学派，以及在哲学上属于节俭传统的许多智者都是很久以前的人。有鉴于工业革命以来世界经历剧变，厘清他们的智慧在今天还有多少意义是合理的。特别是以下两个改变必须被纳入考虑：一是现代经济体在规模、复杂性与生产力方面的大幅增长，二是伴随此经济增长而来的一切人类活动与生活方式对自然环境造成的威胁。第六章要检视一个看法，也就是节俭哲学在现代世界基本上已被淘汰，因为在消费者社会里，整体幸福的实现仰赖多数人生活得不特别节俭。第七章主张社会迈向节俭朴实的整体变迁，正是我们保护环境不受进一步破坏所需，并且一一检视此提议引发的诸多反对的意见。

当代学院哲学充斥着复杂的讨论，它们往往蜷坐在专门术语堆里，纠结着定义狭窄的理论问题。如美国哲学学会最近一次会议上标题为《量词变异和本体论缩简主义》或《模态丰富的持续论》的论文就是绝佳范例。哲学史方面的学术研究通常对思想家和文本进行细微诠释，外加哗众取宠的学识卖弄，例如，阐释康德的道德哲学并未如某些评论家所宣称的那样，在功利主义论述的使用上前后不一，又或是抽丝剥茧地说明萨特对"他者"的描述为什么受惠于奥古斯丁的上帝概念。我无意批评这种有助于增进对哲学议题之理解的方式。但哲学存在的初衷向来不止于此。从一开始，哲学就包括对生活的整体反思，而且这个反思不需要显得极为复杂难懂，或是使用一堆专业的哲学术语。塞内卡、马可·奥勒留、莫尔、蒙田、卢梭、伏尔泰、约翰逊、爱默生、梭罗等人就是在这层意义上得到哲学家的封号。上述哲学家中，很多在今天的英语世界哲学系已乏人问津。在某种程度上，这是个历史意外，不过也反映了学院哲学家无论在知识兴趣还是在个人兴趣上，普遍倾向于解决有难度的理论性或诠释学问题，因为这些问题给了他们施展特定技巧的机会。

我所谓的"节俭哲学"是一种广义的哲思。不同于比较专业和内行的哲学，广义的哲思往往借助文学和大众文化传达其内涵，我偶尔会引用这些作品以便凸显此关系。有一本书特别能够帮助我不偏离反思生活的哲学传统，而且它本身就是这个传统的上乘之作，这本书是威廉·欧文的《像哲学家一样生活：斯多葛哲学的生活艺术》。[3]欧文论称古代斯多葛派哲人洞察人性，而且就如何实现幸福提供了可靠建议，现代人应该洗耳恭听。我大致同意欧文书中的论点，但不禁思忖为何尽管斯多葛学派极有说服力，却终究不太可能复兴为主流。我因此尝试陈述并理解某些支持与斯多葛哲人截然不同但却是主流生活观点的合理论述。

再次强调，本书的目的并不是引起论战。我基本上同情提倡节俭朴实的阵营，但我不认为所有好的论点都集中在天平的某一端。我试图公平对待某些把节俭哲学当作攻击目标的异议。我写这本书的出发点始终都是澄清与前述类似问题有关的概念、价值观、假设和论述，而不是想为特定结论提供最无懈可击的论点。我希望本书借着更清晰地检视这些问题，能够帮助读者自己思考这些问题。因为这些议题本质上既饶有趣味又事关重大，毕竟它们影响我们选择如何生活，决定生命中值得追求的事物是什么，以及作为一个社会群体，我们应该努力实现的目标是什么。

第一章 简朴是什么？

当实现了简单的真谛，

低头躬身将不觉羞耻。

——《简单的礼物》

简约生活这件事很复杂，其中包含了一组相互重叠的观念，因此我们的首要任务就是辨识和厘清当中最重要的观念。初步熟悉的一个好办法是检视同义词，诸如"节俭的"（frugal）、"节省的"（thrifty）和"简单的"（simple）。以下是一个不完全清单（见表1-1）。

表 1-1 简约的同义词（部分）

小气的 mean	苦行的 ascetic	严肃的 serious	节俭的 frugal	有益身心健康的 wholesome
吝啬的 miserly	克己的 self-denying	简单的 simple	节省的 thrifty	有益健康的 salubrious
一毛不拔的 closefisted	饮食适度的 abstemious	平淡的 prosaic	经济的 economical	不做作的 unpretentious
吝惜的 cheeseparing	一丝不苟的 austere	枯燥乏味的 stodgy	有节制的 temperate	不装腔作势的 unaffected
小气的 stingy	苛刻的 severe	清淡的 plain	温和的 moderate	不爱出风头的 unassuming
不大方的 ungenerous	斯巴达式的 Spartan	朴实的 homespun	克制的 continent	踏实的 honest

续表

气量狭隘的 illiberal	禁欲的 puritanical	枯燥的 dry	有自制力的 self-controlled	自然的 natural
鄙吝的 parsimonious	非娇生惯养的 unpampered	慎重的 measured		纯洁的 pure
分文必争的 penny-pinching	贫穷的 poor	小心的 careful		
	能吃苦耐劳的 hardy	节约的 sparing		
	朴素的 unadorned	审慎的 prudent		
	未经装饰的 undecorated	未雨绸缪的 provident		
	适度的 modest	俭省的 scrimping		
		克扣的 skimping		

　　用心的读者会注意到五个栏位经过精心安排，构成了一个暗藏情感内涵、带有价值判断的光谱，从"小气的"和"吝啬的"（坏的）过渡到"纯洁的"和"自然的"（好的）。不过，可以想见节俭朴实的拥护者喜欢强调其积极性，而正面的联想也可见诸词源。"thrift"（节省）和"thrive"（茁壮／繁荣）有相同词根，两者都源自古诺尔斯语（Old Norse）的"thrifa"，意为"掌握"或"抓住"。在14世纪乔叟的中古英语里，"thrifti"有"茁壮成长的""兴旺的""富裕的""体面的"之意。塞缪尔·

约翰逊出版于 18 世纪的字典中定义"节省"为"得益；获得；获得财富；兴隆"。"frugal"（节俭）来自拉丁语名词"frugalis"，意指"经济的"或"有用的"，这个名词又源于"frux"，意思为"成果""益处""价值"。

今天，多数人对简约生活的观念抱持好感，至少理论上如此。形容一个人生活节俭或对事物要求简单，通常会被认为是种赞美，特别是如果他或她大可过着不同的生活。住在朴实无华的房子里和搭公共汽车通勤的名人，不仅因为和市井生活保持联系而获得喝彩，他们的生活方式也被认为证明了非物质主义的价值，某种程度上代表着道德健全或纯洁。但即便从这个正面的角度加以理解，节省、节俭和简约生活的概念仍然包含了几种不同的意义。接下来，我们将探讨当中最重要的几项。我们也会在某些情况下，列举某些足以代表或有助于明了节俭或简朴意义的模范人物，来充实此观念。如此利用某些智者的故事，应该能为思考简约生活的本质和美德这一悠久传统增色。

精打细算

这大概是节省最广为人知也最简单的意义，可见于许多耳熟能详的古谚：

不浪费，则不虞匮乏（Waste not, want not）。

省下一便士就是挣得一便士（A penny saved is a penny earned）。

蓄意浪费招致严重匮乏（Willful waste makes woeful want）。

珍惜每一便士，终将积少成多（Take care of the pennies and the pounds will take care of themselves）。

有一位节俭智者尤能体现财务上精打细算的观念，那就是本杰明·富兰克林。富兰克林是典型的白手起家：17 岁时未经许可便擅离哥哥在波士顿的印刷厂的学徒岗位，身无分文地逃到费城；40 岁时成为畅销书作者，过着经济宽裕的生活。由于身为企业家、作家、政治家、外交官、科学家、发明家和慈善家的成就，他在 84 岁高龄辞世时，被颂扬为该时代最了不起的伟人之一。他的自传中有一处趣味讨喜的片段，是他描述自己如何试图培养 13 个特定的美德。美德列表中的第 5 项就是节俭，以下是他所做的定义："不乱花钱，除非对人对己有益；也就是说不要浪费。"[1]富兰克林对自己未能完善美德列表上的许多特质感到意外且遗憾，但厉行节俭似乎没为他带来太多困难。根据他自己的描述，原因之一是他的太太德博拉——

　　也和我一样勤俭……我们没有多余的仆人，我们吃得清淡简单，我们的家具是最便宜的。举例来说，我有很长一段时间都以面包和牛奶当早餐（不喝茶），而且我用的是价值 2 便士的陶制粥碗和白镴汤匙。[2]

富兰克林打趣地指出："尽管坚守原则，奢侈品还是会破门而入。"以他为例，某天德博拉用她买的高级餐具为他端上早点，只因她认为"如果他的邻居都在用银汤匙和瓷碗，那么她的先生也值得用同样的东西"。[3]那时的富兰克林，乃至终其余生，不费吹灰之力就负担得起这些奢侈品，他一直把这样的生活方式归因于早年养成的勤俭习惯。

富兰克林的散文《致富之道》包含许多脍炙人口的节俭格言，绝大多数都在劝告我们量入为出，并提防浪费和奢侈品。譬如：

　　肥了厨房便瘦了遗嘱。

　　爱上美食使人沦为乞讨者。

　　愚人准备盛宴，聪明人前来享用。

> 讲究衣着绝对是一大诅咒；
>
> 想打扮华丽，先问问你的钱包。
>
> 量入为出不逞强，有什么就用什么；
>
> 如此，贤者之石将把白铅变黄金。[4]

富兰克林尤其关切提醒人们负债的危险，因为"悲随债来"。他说，债"使人受困，并且成为债主之奴"。没错，到了现在，债仍以信用卡账单、学生贷款和溺水房贷①的形式散布许多悲剧。但在 18~19 世纪，欠债的后果可能比今天更具毁灭性。在狄更斯时代的伦敦，债务人牢房和济贫院令许多人的生活蒙上阴影。维多利亚时代的小说充斥着有教化意义的角色，他们生动地展现了入不敷出的愚蠢，像是狄更斯《大卫·科波菲尔》的密考伯先生②，和特洛勒普《红尘浮生录》的菲力斯·卡伯里③。[5]

但或许是因为太过熟悉，这样的节俭——精打

---

① underwater mortgage，指房主所背负的房贷高于房屋本身的价值。

② 密考伯先生是《大卫·科波菲尔》的主人公大卫从小就认识的好朋友，曾经因为债务缠身被关进债务人牢房。这个角色据说是来自狄更斯自己的父亲。

③ 《红尘浮生录》的穷贵族菲力斯·卡伯里把寡母的积蓄都输光了，为了清偿债务只好去追求自己并不爱的有钱小姐。

细算和量入为出——是相对不那么有趣的意义。对我们这些没有家业可继承，不具备某种容易兜售的才华，又缺乏肯尼斯·钱纳特（美国运通CEO，2001年加薪38%之后，周薪达到约50万美元）那样超群的议价技巧的人来说，养成节省的习惯显然是明智之举。当然，暂时负债在某些情况下是说得过去的：举例来说，买房、付学费、投资商机，或应付迫迁和紧急医疗状况等迫切难关。但对我们多数人来说，大部分时候，富兰克林的建议绝对是忠告。"留心小额开支，"他说，"一个小洞就能沉大船。"有谁会反对呢？这个嘛，就算没别人，至少还有奥斯卡·王尔德。王尔德表示："唯一能安慰贫穷之人的就是铺张浪费。"根据一则记载，王尔德毕生都谨守这样的哲学。一穷二白的王尔德临终前在巴黎某间脏兮兮的饭店，举起一杯香槟，然后宣布："我到死前都活得始终如一——入不敷出。"不过，鲜少有人会渴望那样的结局。

　　本章和全书关切的重点不是可被理解为富兰克林式精打细算的那种节俭。他的概念相对简单，而且实践的理由颇为显而易见。比起精打细算更值得讨论的是，与节俭哲学家所拥护的简约生活概念相关的其他意义。

省吃俭用

省吃俭用意味着采纳需要较少金钱并使用较少资源的生活方式。多数节俭智者都同意这样的生活方式并不难实现，毕竟生活的必需品寥寥可数，而且唾手可得。最低限度的必需品（bare necessities）有哪些呢？严格来说，不过就是足以维生的粮食和水，以及可遮风避雨和保暖的基本衣物与庇护所。但我们或许可以多列出一些用来取得这些必需品的工具，然后出于尊重伊壁鸠鲁宣称的"友谊为人类幸福不可或缺之元素"，再加上一些同伴。

我们当中有许多人自认过着省吃俭用的生活，或至少知道如何过那样的生活。拥有三车位车库、度假屋和帆船的人，乐此不疲地述说早年住在鞋盒小屋、吃燕麦粥、身上散发油腻破布味道的生活。但在自鸣得意过头前，我们或许该拿自己和锡诺普的第欧根尼比较一下，富兰克林夫妇在他面前都显得像一对沉湎于奢侈享受的纵乐者。第欧根尼（公元前404~公元前323年）是最著名的犬儒。犬儒（Cynic）源于希腊文"kynikos"，意为像狗一样，最早应该是用来描述犬儒学者的骂人话，即把他们的生活方式比作狗。第欧根尼的故事显示了他犀利机智，喜欢反抗传统，轻蔑抽象理论（尤其是柏拉图的），严格实践他所宣扬的哲学。我们从这些故事还能看出他对自己能够省吃俭用到什么地步觉得很有趣。

尽管他经常被人描绘成住在一个桶子或大陶罐里，但那可能只是他较为堕落的时期的处境。据说他是因为看见一只老鼠跑来跑去，毫不在乎是否要有一张床铺或遮风避雨处，从而受到启发，开心地接受赤贫。于是他用两件披风当床铺，用袋子装食物，随心所欲地在任何地方进食、睡觉或做任何事情。在市集吃东西被责备时，他说："就是因为在市集时会感到饥饿，所以我才吃东西。"这就是一个以率性纯真来批评陈规旧习的经典范例。然而，他发现还可以过得更加粗茶淡饭。他看见一名孩童用手舀水喝后，便把唯一拥有的杯子丢掉，他说："那孩子比我更为简朴。"还有一次，他看见一名碗破掉的男孩用面包皮吃扁豆，他就把自己的汤匙丢了。[6]

一如苏格拉底，第欧根尼对接受他人布施也毫无困难。当被问到他最爱饮用什么葡萄酒时，他回答："别人的葡萄酒。"他不认为自己对布施者有所亏欠，因为物质商品在他眼中几乎没有价值，和唾手可得的简单愉悦尤其没得比。第欧根尼和亚历山大会面的著名故事便传达了这一寓意。世界统治者被带去拜见哲人时，他看到哲人心满意足地坐在阳光下。当被问起有没有需要亚历山大帮忙的地方时，第欧根尼仅要求他不要挡住阳光。他论称，既然神祇什么都不缺，无所欲求就等于神祇一般，而且为了追求这个境界，第欧根尼刻意砥砺身心，酷暑时，在热沙中打滚，严冬时，拥抱覆盖白雪的雕像。的确，有一回他要求雅典人为他立一座雕像，尽管这是一个看似相当傲慢的欲求，但当人们问起为何提出这要求时，他说："我正在练习失望。"换言之，他试图让自己的心智变得坚强。如果穿越时空到今日当哲学教授，他大概会要求固定加薪。

毫不意外地，同时代人都觉得第欧根尼相当古怪，不过他们也认为他是在实践一种哲学。假使今天有人效仿他的行为，大概会被多数人看作精神有毛病。由此我们能很容易地看到，人们对"便宜"、"基本"或"必要"的看法会随时间、空间和社会阶级的改变而有所不同。这些概念是相对的。第欧根尼时代的雅典公民，其正常生活方式所需的设备装置远少于 21 世纪的纽约人，而纽约人的"基本需求"（basic needs）可能包括电、自来水、冲水马桶、中央暖气设备、冷气、设备齐全的厨房、智能手机、网络，以及邻近住房的星巴克。

数不清的书和杂志文章都在谈论如何减少开支、过省吃俭用的生活，但基本策略不难想象：购买二手而非全新的用品；如果可能，自己动手做而非花钱请人；在常备食品杂货促销时补货；使用折价券；自己种菜；不要经常在外面吃饭；在一般情况下，遵循"充分利用，用到破旧，将就凑合，或干脆不用"的老套公式。这些建议有些没时间性，但有些就比较过时，比较不实用，或比较不受社会与科技变迁的青睐。曾经有段时间，修理物品比淘汰物品在经济上总是更为合理，因此人们会缝补袜子、修补床单，把出故障的录像机送修。但当一名只拿最低工资的工人可在一小时内挣得购买半打袜子的费用时，当修补机器的费用可能比买全新机器更昂贵时，某些过去的方式也就显得过时。物品用完即丢曾经令人联想到富裕。俄罗斯贵族在喝完酒后把葡萄酒杯扔进火炉是一种炫富的举动。可是在今天，使用一次性物品或把东西做成可抛弃的，往往是省钱省时的做法。因此，尽管省吃俭用生活的指导思想仍是简朴概念的核心，然而达成这一目标的方法必须顾及社会变迁。

自给自足

从字面意义来看，自给自足是不依赖自己以外的一切。没有生物能实现字面意义上的自给自足，毕竟每个生物都依赖生长环境提供求生手段。但他们能大抵独立于他人。因此，自给自足向来是个程度问题。

　　节俭智者经常赞美自给自足，但他们脑子里想的并不总是完全相同。自给自足和依赖形成对比，而依赖可分为两大类：依赖他人的赞助，还有依赖别人的技术或服务，无论是直接使用技术或服务，如雇用水管工人，还是间接使用他人提供的技术。当伊壁鸠鲁和塞内卡等古希腊和古罗马思想家谈论自给自足，他们往往是拿自给自足和第一种依赖做对比，因为他们对接受赞助的危险相当不安。对他们而言，自给自足意味着不依赖另一个人的恩惠。在人类历史上多数时候，接受社会阶级比自己优越的人的恩惠，一直是迈向成功的主要渠道，以及对抗贫穷与压迫的重要方式。不过，接受这样的恩惠往往得付出代价。理想的情况是，恩惠的施予全然基于赞助者的美德，但大家都知道现实总是和理想有差距。依赖恩惠者必须经常奉承与讨好对方，他们得对赞助者的言行逢迎拍马，无论是侍臣恭维国王、政治家讨好群众，还是员工试图给主管留下好印象，皆不脱此道。因此，这类依赖会妨碍人根据自主判断思考、说话和行动的能力。不用受到这样的限制使人感到轻松，因此伊壁鸠鲁说"自给自足最甜美的果实是自由"。[7]

　　上述自给自足的经典概念和爱默生谈论自力

更生的著名文章之间存在许多有趣关联。爱默生的文章呼吁独立思考的重要性。但在现代世界,特别是在美国,产生了更为务实的自给自足概念。自给自足在此意义下,意味着有能力与意愿自己动手做事,而不是依赖他人的劳动。梭罗等浪漫主义者尤其强调这种自给自足的价值,还有一些人将自给自足的内涵延伸,把减少对科技的依赖也纳入其中。这种自给自足的提倡者试图对抗现代性的异化效果。现代性加速分工并将许多任务机械化,使我们疏离了自然以及维持生活的基本活动。

诚如前文所述,自给自足是程度问题。罕有人类能够自外于群体生存,每个群体内都有合作事业和些许劳动分工。或许,这便是节俭美德最驰名的模范人物之一是个虚构角色的原因。"现代人"最伟大的代表、文学主角鲁滨孙是近乎完美的自给自足典型,至少在他遇见星期五,并把星期五变成自己的仆从之前的那些年是如此。他利用了船难后从船里抢救出来的工具和物资,所以他的生活并非完全自给自足,不过西方文明世界大概没有人能比他更接近自给自足。事实上,当《鲁滨孙漂流记》将绝对独立和自给自足作为重要美德加以赞扬时,这项美德正巧开始衰退(笛福的小说于1719年付梓)。鲁滨孙在准备制作面包时,才发现自己对整个过程一无所知。

> 我既不知道如何把谷物磨成粉，也不懂怎
> 么去壳，筛掉麦糠。就算我完成了，我也不会
> 做面包。假使真的做出面包，也不知道该怎么
> 烤面包……我想应该很少人想过这件令人惊叹的
> 事：制作一块面包需要先播种、收割作物，再经
> 过晒、筛、磨等一连串复杂的程序才能完成。[8]

结果，鲁滨孙全靠一己之智慧和劳动勉力求生，最后还发了财，成了另一种自给自足的象征（metaphor）：允许个人通过才智和努力致富。他拥有的技术与从事的活动无所不包——他成为猎人、农夫、动物饲养员、建筑工、木工、造船工、织工、士兵和作家等——这点也和新兴资本主义的专业化与分工特色形成强烈对比。基于这些原因，鲁滨孙对很多人有所启发。在卢梭论教育的作品《爱弥儿》中，爱弥儿在 12 岁前唯一被允许阅读的小说是《鲁滨孙漂流记》，原因正是它有助于培养自给自足的美德。[9]梭罗在瓦尔登湖的实验，也可被看作他尝试在离家几英里处再现船难后的生活。

自给自足显然和省吃俭用的生活相连，毕竟你自己动手做事，就等于没雇用他人服务。因此，节

俭的自助书总是充斥着如何自己酿啤酒、自己修补衣服、自己拔牙等建议。但社会上明摆着的事实却是，多数现代人的生活和自给自足相差十万八千里。没错，我们或许开垦了一片菜园，学习如何烘焙面包，而且动手做了一两个书柜。这类活动不可小看，不光省钱，本质上也是有益的。但除非这么做构成一种明确的生活方式，不然我们就不该欺骗自己，说自己不只是在玩自给自足的过家家游戏。我们大多依赖他人建造房屋和装修房屋、生产和运送粮食、制作衣服，以及提供娱乐。我们依赖能源、运输、通信和教育的综合基础设施。而且我们一旦没有汽车、电话、电脑、煤气炉和冰箱就极度不知所措。如今的时代若没有 GPS 导航是真的会迷失方向的。

　　某些社会显然实现了远高于一般程度的自给自足，如阿米什人。一部分原因是他们倾向于放弃使用现代科技。但这也是因为阿米什人追求的目标是集体的而非个人的自给自足，就像以色列的基布兹集体农场、修道院和其他集体社会那样。确实，即便耕作时不使用曳引机或电锯，盖房子不借助电动工具，阿米什人的社会还是能够经营有成，那是因为他们可以依赖彼此提供必需的额外劳动力。虽然如此，有时还是会看见他们的马和四轮车停泊在沃尔玛卖场外。

自给自足和简朴的联结所衍生的另一个难题值得一提。自给自足或许是简约生活的传统概念和浪漫主义理想的一部分，但使用科技很显然有助于大幅简化我们的生活。到底哪个比较简单？手洗所有衣物和床单，还是使用洗衣机？搜集木材来劈砍以便生火煮饭，还是转开煤气炉开关和按下电器开始按钮？穿越城镇然后返回传口信，还是拿起话筒打电话？我想说的是，简约生活的概念包含互相抵触的潮流。减少对基础设施和科技的依赖，在某种意义上能使我们更接近简约生活——我们变得比较自给自足——但也在其他方面把我们带离简约生活，毕竟这么做使日常基本事物变得更为困难、费力且耗时。而科技在某些方面甚至能够帮助我们更为自给自足，如使用洗衣机，而非雇人手洗或把衣服送洗。

亲近自然

某些提倡简约生活的智者始终坚守城市，一辈子都住在城市里，对和自然建立感情兴趣寥寥。但简朴和自然有关是受到许多节俭哲学家肯定的古老观念。不过，这一关系可以有许多面貌，取决于大家如何理解亲近自然这个想法。

犬儒学派的第欧根尼最早主张凡是自然的绝

不会是不道德的，因此人不该因遵循自然而感到耻辱。根据某些记载，他认为在公共场所便溺根本没什么大不了。[10] 斯多葛学派也重视自然，奥勒留曾说："自然永远不会输给人为。"[11] 他们特别强调与自然和谐相处的重要性，以及培养配合宇宙运行而非与之作对的思想状态和生活方式的重要性。当然，那是一个相当抽象的公式，却是能够兑现的，至少在某种程度上，像是鼓励我们接受而非对抗或抱怨事物的自然秩序。举例来说，衰老和死亡应该被视为生命的必然，就像四季更迭或昼夜交替般自然，无须惋惜遗憾。斯多葛学派还指出沉思与研究自然是人生一大乐事。这也是最容易取得、随时对众人敞开的愉悦，就连财富被剥夺而且被流放到偏僻岛屿的塞内卡及其斯多葛学派同胞穆索尼乌斯也不例外。

当代亲近自然的概念深受浪漫主义运动影响。18~19世纪工业化的降临和不断都市化催生了浪漫主义运动。为了回应这些趋势，浪漫主义者强调身心与自然世界保持联系的重要性。诚如华兹华斯言简意赅的描述：

> 春天树林里的一阵悸动，
> 便能远比一切的贤哲，
> 帮你分辨善良与邪恶，

更能教导你人性的种种。[12]

为了亲近自然选择过朴实生活，远离人为又世故的都市社会（及其伴随的开销），最著名的现代范例大概要数梭罗。1845 年，梭罗在友人爱默生的土地上盖了间小木屋，然后在那里住了两年多。那块地位于马萨诸塞州康科德附近，靠近瓦尔登湖，后来这场生活实验的文学果实便是《瓦尔登湖》，一部结合回忆录、自然学家观察、哲学反思和社会评论的奇妙作品。梭罗的诋毁者总爱强调他的实验没有《瓦尔登湖》的读者所以为的那么激进，因为他在旅居期间始终和家人朋友保持联络，而且经常到他们家中用餐。但梭罗没有隐藏这些事实，而且就算他的生活实验不如想象中极端，也不意味着这个实验就不值得关注或没有价值。毕竟，他当时的生活比所有批评者的更为节俭，更为自给自足，而且更接近自然。

梭罗绘制插图和文字表达的能力使《瓦尔登湖》令人难忘且具有文学分量，他通过图文传达为什么亲近自然的生活对像他这样的人而言具有重要价值，以及为什么与自然世界的健康联结理当是人类生活的重要写照。在梭罗看来，亲近自然的生活不只是享乐主义自助餐台上众多满足口腹之欲的选项之一。按照梭罗的说法，如果一个人"想要活得深刻……取尽生活精髓"，就必须亲近自然。[13] 从观看日出乃至聆听蚊子的嗡嗡声响，各式各样被自然景观与声响唤醒的满足、快乐、高兴、感激和敬畏之情化为饶富诗意的散文句子，穿插点缀《瓦尔登湖》。以下段落非常具有代表性。

> 有时，在夏日早晨，照惯例沐浴后，我会坐在阳光充足的门口从日出到正午，神游太虚，与松树、山核桃树和漆树为伍，享受不被打扰的独处和平静，与此同时，鸟儿在四周歌唱或轻快无声地飞过屋子，直到阳光洒进西窗或远方道路传来旅行者马车的声响，我才意识到时光的流逝。我像夜间的玉米般在那些季节中生长，那是人为照料远远比不上的。[14]

在另一段落中，梭罗明确断言和自然世界相处对其幸福的不可或缺性。

> 有时我在自然事物中找到至为美妙温柔、天真无邪且鼓舞人心的陪伴，哪怕是不幸的厌世者或最忧郁的人也能感受到。生活在自然之中且仍有知觉的人不可能阴暗忧郁。在健全纯

真的耳里，风暴不啻是风神埃俄罗斯的音乐。[15]

梭罗的实验只占他生命中一段短暂的时期，经过两年两个月又两天的湖畔旅居后，他回到康科德和友人一同生活直到终老。他的理由是他"还有许多人生目标，没有多余的时间可给那个生活"。[16]换句话说，他还有其他关于生活的实验要进行。但直到1862年过世之前，他始终是个狂热的自然学家。身为土地测量师，他不断拓宽、加深对康科德附近自然环境的认识，并借由演讲和写作文章传达他的观察和想法。

我们之中鲜少有人尝试模仿梭罗。但在某种程度上，与自然环境保持联系的渴望很深，并以许多不同方式展现出来。所以，住房舒适无可挑剔之人情愿去露营。这个渴望有助于说明财力许可之人为什么喜欢在乡村购买度假屋或小木屋这类生活简单、干净、宁静的田园隐居所，而经济能力不许可添购乡村庄园之人则喜欢在后院从事园艺工作。无论如何，多数人都会在家庭装饰中加入一些居家植物、一些风景画，或一本"塞拉俱乐部"①的年历。

---

① 塞拉俱乐部（Sierra Club），又译为山岳俱乐部、山峦俱乐部，于1982年创立于旧金山，是世界上第一个致力于环境保护的民间组织。创办人为约翰·缪尔，详见第七章。

知足常乐

并非每个提倡节俭的人都重视享乐（pleasures）。苦行者和禁欲者向来视享乐为世俗干扰，使人无法专注于更重要的精神事物。古斯巴达人怀疑享乐会使受训中的战士变得性格柔和。但享有简单愉悦，以及简单愉悦足以使人幸福，向来是许多哲学家对简约生活的核心理解。

伊壁鸠鲁是简单愉悦最早的且至今仍是数一数二的拥护者。出生于公元前341年的伊壁鸠鲁在萨摩斯岛长大，不过他是一位雅典公民。在学习哲学多年后，他开始传授属于自己的学说，并发展属于自己的学派。三十多岁时，他在雅典城郊外买了一块地，然后心满意足地和一群朋友及一些仆人住在那里直到终老。不同于柏拉图和许多其他哲学家，伊壁鸠鲁与他的追随者毫不害羞地申明享乐的好处（value of pleasure）。古雅典的八卦和丑闻散布者于是利用机会散布谣言，说伊壁鸠鲁学派的院落里充斥着变态勾当，部分流言蜚语甚至流传至今。"epicure"这个词有很长一段时间里是指全心投入感官愉悦的人，到了今天则主要是指美食家。但上述两个意思都扭曲了伊壁鸠鲁的哲学。他确实说过，生活之所以美好是因为有享乐的机会。

　　　　如果我放弃味觉的享受……爱的欢愉……
听觉的享受……以及看见美丽事物油然而生的
愉悦感，我不知该如何理解善。[17]

　　此外，伊壁鸠鲁不是拘谨之人，他认为：肉体
的愉悦也在使人生值得走一遭的清单上。因此，尽
管全心赞同简朴，但如果今天仍在世，他绝不会订
购一年份的由软体工程师罗宾·莱茵哈特发明的代
餐饮料（Soylent）。这种饮料含有一个人所需的
全部营养素，但尝起来如食鸡肋。不过伊壁鸠鲁还
是对愉悦的追求加上了一些重要限制，而且大致偏
好生活中容易取得的愉悦。一如苏格拉底，他深信
唯有善良的人才能真正地开心，因此无论我们追求
什么愉悦都必须兼顾美德。他也警告道，暴食纵欲
之类的一时欢愉，终会导致长远的痛苦。

　　伊壁鸠鲁特别推崇简单的愉悦，例如平淡而美味
的食物、令人满意的工作、沉思自然，以及友谊。不
消说，智者对这些愉悦的排名各不相同。诚如我们所
见，在瓦尔登湖独居的梭罗对友谊的重视，稍逊于他
从自然环境所得的快乐。另外，和朋友与门生共享起
居空间与大花园的伊壁鸠鲁认为："在智慧对幸福人生
的所有贡献之中，最重要的显然是友谊的获得。"[18]

　　就一个全心投入享乐的人而言，伊壁鸠鲁似乎工

作得太过勤奋。他著作等身，包括一份探讨自然的论文，该论文总共有 37 卷莎草纸，遗憾的是，他的作品只有少数留存下来。这岂不是自相矛盾吗？对爱好者而言，哲学反思本身就是一种简单愉悦，毕竟几乎不用什么资源，而且任何人在任何时候都能从事。

伊壁鸠鲁享年 72 岁，他开心地活到最后一刻，即便临终前饱受肾结石与痢疾之苦。根据他的哲学，痛苦一般来说是不好的，但不用惧怕痛苦，因为轻微的痛苦可以忍受，剧烈的痛苦通常不会持久，他的情况就是一例。死亡也无须惧怕：死亡不过是回归虚有，是无忧无虑的状态。伊壁鸠鲁的生命观散发着一股强烈的感激之情，他对生命本身充满感激，因为生命提供了享乐的机会，他也对最棒的愉悦——简单愉悦——如此容易获得心怀感激。我们能从他传世的一封信清楚地一睹他的风采，了解他的哲学。"寄给我一些奶酪，"他致信一位友人，"让我随时能享受盛宴般的滋味。"[19]

苦行主义

苦行主义就是严肃看待简约生活，通常是出于道德或宗教的理由。苦行者不允许自己接受世俗的舒适慰藉和身体的欢愉。苦行一词来自希腊文"askesis"，意指练习或训练，是用于形容运动选手为竞赛做准备的养生法。苦行主义自古以来就是简约生活的重要形式，许多宗教团体则拥抱程度不一的苦行主义。举例来说，耆那教徒传统上不蓄积财产，菲食薄衣，睡觉不盖被。苦行主义在历史上被纳入不同的印度教和佛教支派，也被许多基督教教派与修道院团体传授与实践。[20] 举例来说，加尔都西会的修士，绝大多数时间在简单的房里独处，甚至放弃交谈之乐。然而，犹太教和伊斯兰教通常把较为极端的苦行主义视为负面的，他们认为那形同拒绝上帝的恩赐，不过这两个宗教都不推崇物质主义，而且受教徒尊崇的人物如穆罕默德和巴尔·谢姆·托夫（犹太教哈西迪派创始人）皆因过着简单的生活而备受赞誉。

有时苦行者不仅抛弃性爱、美食或文化娱乐等世俗愉悦，还会通过禁食、穿粗布衣服或在脚上铐沉重锁链等方式，刻意引发身体的不适。这么做通常是为了把注意力从尘世移开，以致力于精神层面的事务（不过这么做也有陷入某种争强好胜、竞相苦行的危险，在这种情况下，克己程度越高的人越骄矜自傲）。克己也一直被视为一种自我惩罚的形式、一条通往启蒙的道路，以及培养吃苦耐劳和坚忍不拔等特定美德的手段。

知名的苦行者包括耆那教改革者摩诃毗罗、乔达摩·悉达多（佛陀）、施洗者约翰、亚西西的方济各、甘地和（晚年的）托尔斯泰。鲜少现代西方哲人曾传授或实践严格的苦行主义，但展现明显苦行倾向的人不少，斯宾诺莎、尼采和维特根斯坦皆属此列。维特根斯坦继承了大笔财富，但把财富让给了他的手足，拒绝接受他们的财务帮助，并偏好极为粗糙简陋的住宿，部分似乎是出于他天生的禁欲性格，部分则是因为他觉得这样最能帮助他专注思考。三十多岁因健康问题从巴塞尔学校的教授职位退休的尼采，则没有任何遗产能作为经济支柱。他以微薄的退休金勉强度日，在提供食宿的公寓租住一间几乎毫无装潢的房间，从事关于"苦行理想"（ascetic ideals）的写作，他所谓的"苦行理想"意指在某种程度上弃绝尘世及其喜悦的生活和评判模式。他认为哲学家倾向于拥抱苦行理想，是因为从中看见了有助于自己成长的条件，这个推论在某种程度上大概是根据他对自己的观察。[21]

在某些特定时空，苦行主义意外地受欢迎，清教徒即为一例，有时甚至被提倡为国家政策，譬如在古斯巴达。在今天的现代化社会里，仅有小团体或与世隔绝的个人会在不同地方实践严格的苦行主义。但我们可以在日常生活中察觉克己伦理遗留下来的痕迹，如我们会形容某些豪华或美食享受为

"罪恶的"，或是在开玩笑时假定谈论性爱或饮酒等欢愉必须内疚地拐弯抹角、窃窃私语。不过，在绝大多数情况下，苦行主义现今已彻底地过时了。如今广告业主砸大钱推销安适、奢华和感官享受，而且这些商品的市场可是相当蓬勃。

身体或精神的纯洁

选择自认为干净或纯洁的生活方式，有时也许是苦行主义背后的动机，但亦不失为一个清晰的概念。此处所谈的纯洁可以是道德的／精神的纯洁，牵涉回避贪求、忌妒、骄傲、性放纵或伤害他人等特定罪行或诱惑。也可以是更偏向以身体为基础的概念，可能通过穿简单服装、避免装饰、剃头和回避被认为是不洁的食物来加以满足。当然，这些有关身体的措施经常象征性地传达往往被视为更重要的内在纯洁。这个概念可见于震教徒著名的赞美诗《简单的礼物》，其中两行诗句把生活形态的简朴与对世俗观感的不在乎联结起来（因为世人总是嘲笑震教徒的舞蹈）。①

①　震教徒（Shakers），属于基督再现信徒联合会，18世纪始建于英格兰，是贵格会的支派。"震教徒"之名来自信徒经常在吟唱诗歌或舞蹈时集体陷入狂喜而全身震颤。《简单的礼物》是长老约瑟夫·布雷克特（Joseph Brackett）写于1848年的作品，后来被很多基督教派改编，传唱至今。

当实现了简单的真谛，

低头躬身将不觉羞耻。

尽管干净或纯真生活的观念可能和简约生活的部分意义有所重叠，但也可能不相容，就像试图通过戒绝科技达到自给自足的计划，在某个意义上能简化生活，但在另一个意义上又使人的生活变得复杂。追求纯洁的古代毕达哥拉斯主义者，据说不吃豆子、特定鱼种，或掉到地面的食物。可是自己种豆是如此便宜、简单而有益，以至于几乎成了简约生活的象征。诗人叶芝想象自己动身前往因尼斯弗里岛，住"用枝条和泥巴筑起的"小屋，并在岛上种豆。[22] 种豆也是梭罗在瓦尔登湖花最多时间做的事。不吃从桌子掉到地上的食物这条戒律在世界各地谨守"黄金五秒规则"、不愿见到好好的食物被浪费的小气鬼眼中，肯定非常荒谬。

根据固定的程序生活

遵循严格的程序显然可与奢华的生活方式兼容。在一日之始吃鱼子酱早餐，接着按照固定流程接受一系列奢侈享受，并在浸泡温热山羊奶浴后就寝。不过当人们描述自己生活简单，或是当他们说希望能有更简单的生活方式时，心里想的十之八九是秩序井然和规律性的简朴。缺乏秩序和规律性，有时会导致育儿和旅行令人喘不过气——尤其是边旅行边育儿，压力更是加倍。

严格的生活规则是修道院生活的一项重要特色，它有助于修士将思绪专注于他们认为至关重要之事的整体目标。不耗费任何精神能量去考虑穿什么、吃什么、去哪里、做什么或在什么时间做，其效益深远，不仅限于使人在一天当中不分心焦躁。最新的心理学研究指出，做决定的压力，哪怕是很小的决定，都会消耗我们的意志力，相反的，机械性地反复运作有助于保存意志力。[23]

没错，除了修道院，还有其他机构也对同住者强加严格的生活规则，譬如军营和监狱。多数人不会欣然拥抱被这种环境强加的简朴生活，就像多数人都不是隐修团体的一分子。我们重视外在世界给予我们的自由，即便这些自由也带来焦虑。但我们认可例行公事的好处，有幸享受合理分量的闲暇者感受尤深。19世纪的德国哲学家阿图尔·叔本华甚至宣称"只要不因此感到乏味，最简单的人际关系和单调的生活方式将赋予我们快乐"。[24]所有记载都显示叔本华确实言行若一。1833年于法兰克福定居后，他效仿自己崇拜的康德，开始遵循一套明确的日常生活规则：早餐；写作三小时；吹奏长笛一小时;到英吉利饭店吃午餐;喝咖啡,与人谈天;下午到赌场俱乐部的阅读室,而后带贵宾犬去散步;晚上在家读书。[25] 就这样,叔本华度过了他人生最后的 27 年。我们并不清楚他是否因这套生活规则而感到快乐,毕竟他是个爱发脾气、不折不扣的哲学悲观主义者。但这套生活规则大概使他过得相对快乐些。我们当中有很多人自愿遵从例行公事,或在自己身上强加例行公事,而且当人们为大小事马不停蹄而压力过大时,很容易就会渴盼秩序与规律所带来的好处,即便这么做得牺牲自由和选择。

美学上的简朴

对某些人而言,简朴是一种美学价值,因此附属于简约生活概念的另一个意义,是偏好不复杂、不混乱的居住环境。举例来说,想象一间公寓有白色墙面、白色饰板、未经打磨的木地板、简单的木制家具、全白厨房用具、浴室的白浴巾,然后简约的木床覆着白色毯子。或一栋上梁外露的砖墙独立屋,摆放着质朴家具,展示的艺术品明显出自当地业余艺术家之手。或是除了一张书桌和一张椅子便别无他物的书房。上述都是人们刻意为自己打造的室内装潢。这种简朴不一定是节俭的。极简公寓可能位于巴黎市中心；素色木制家具可能是特别订制的。维特根斯坦为姐姐玛格丽特设计了一栋位于维也纳的房子，房子以无装饰为特色，几乎是极简主义美学路线，却是不计代价建造的。这样的装设或许并不便宜，但看起来很低调。这样的风格具有象征意义，展现着对平淡、不做作、不夸耀的赞同，使人感受到真诚、纯洁，以及专注于基本要素的思维。人们在乡间建造隐居所，也是出于对亲近自然的追求与宣告。宾夕法尼亚州的"落水山庄"是弗兰克·劳埃德·赖特为考夫曼家族设计的著名乡村住宅①，贴切地说明了上述某些概念，包括美学的简朴可能所费不赀：这栋房子在 1937 年花了考夫曼家族 15.5 万美元，转换后相当于 2010 年的 230 多万美元。

⁂

精打细算、省吃俭用、自给自足、亲近自然、

_____

① 落水山庄的委托人是宾夕法尼亚州考夫曼百货公司的第二代传人艾德加·J.考夫曼（Edgar J. Kaufmann），居中牵线的人则是曾在赖特麾下实习的小艾德加·考夫曼。后来成为建筑学者的小艾德加认为，赖特意识到人是自然的产物，因此能够顺应自然的建筑就能够顺应人的基本需求。

知足常乐、苦行主义、身体或精神的纯洁、按固定的程序生活，以及美学上的简朴：这些是与简约生活概念相关的几个主要意义与联想。其中有些意义与联想比其他的明显和节俭更紧密相连：省吃俭用是这一概念不可或缺的一部分，相较之下，美学上的简朴和节俭的关联则比较牵强。这些不同的意义可单独讨论，但由于本来就彼此相关，因此在许多情况下会有所重叠或相通。在自家庭院种菜的人通过提高自给自足的程度节省吃的费用，并因而得到与自然亲近所产生的简单愉悦。以宗教为依归的团体寻求心灵纯洁，于是拥抱苦行的生活方式，遵循严格的日常程序，并努力工作使自己在美学上朴素的环境中近乎自给自足。不过有时候，不同形态的简朴可能互有冲突。第欧根尼或许过着节俭的生活，但他绝非自给自足的范例。

简朴当然还带来其他联想。富兰克林在《论简朴》一文中盛赞不装腔作势（unaffectedness）的言行举止，而且理所当然地认定这些特质是简约生活培养出来的。

　　　　在最早的时代，当人类对自然以外的一切无所需求，在他们对必需品越来越讲究，以及奢侈享受和野心带来数不清的荒唐幸福之前，人们衣着、言谈简朴，遵循自然的定律。[26]

尽管富兰克林本身自始至终是个都市人，但他明确地将城市和矫揉造作相连，而在乡村和诚实正直之间画上等号。"体会城镇令人厌倦的矫揉造作后，与正直农民进行简单、不装腔作势的对话，"他写道，"真是让人欣慰！"[27]不过，很多人对农民生活的想象可没那么美好，反而认为农民是无知、粗俗甚至愚蠢的——全都是相当负面的联想。

因为简约生活的概念有多重意义，我们无法对任何人的生活简单程度做出清楚明了的比较评估。我们总是得特别说明自己采用的是哪个意义，而且诚如前文所指出的，同一概念在不同时间、空间和文化中各有对应的内涵。蒙田指出，罗马人的习惯是在晚餐前以水和香水沐浴，说一个人生活简约便意味着他只用水洗澡。[28]可是对某些人而言，就连以清水洗澡都是奢侈的。

本章提到的诸多智者不仅是节俭／简约生活的范例，同时也说明了此观念在知识史上占据重要位置。自古以来的哲学家、道德学家和宗教导师对此观念高谈阔论并加以捍卫，直到今天，此观念在许多人心目中仍和美德与智慧相连。在接下来的两章中，我们将仔细检视赞同简约生活的一些主要论点。然后，我们会有更好的角度去探讨这些论点在多大程度上仍适用于今天的社会，或是已被改变现代世界的重大社会和科技革命淘汰。

第二章　为什么简约生活可以让我们更好？

　　我不硬性禁止持有财产，但我期望你能毫无畏惧地持有财富，而这种态度唯有当你相信即便身无分文也能活得开心时，才可能达到。

　　　　　　　——塞内卡，《塞内卡的斯多葛哲学》

　　为什么要赞扬简约生活？人们提出的主要理由不外乎以下四大主题。

　　一、道德的理由：简约生活的本质为善，能培养某些特定美德，能让人履行各种社会义务。

　　二、自利的理由：简约生活能创造或提升幸福（指广义的福祉，而不是狭义的感觉美好）。

　　三、美学的理由：简约生活作为一种活得出色的榜样，能提供更让人满意的景观（spectacle）。

　　四、宗教的理由：简约生活和神的意志是相宜的。

文学作品充斥着上述前两个理由，我打算将讨论大抵聚焦在这两点之上。一般来说，宗教和美学的考虑到头来都可化约为道德或自利的论点。在宗教圣典中很容易找到赞美简朴与规劝世人切莫追求财富的段落。如果上帝呼吁我们简单生活，那大概是因为他知道简约生活对我们是有好处的；如果没有好处，他怎会如此要求，我们又为何该对他唯命是从？美学的观点比较少见，但有时我会用这个观点描绘尼采的思想，还有受到他影响的其他哲学家的思想。那是一种表达某些东西无须与道德或实用沾上边也有其价值的主张。但若简约生活的景观在我们或其他人眼中是令人满意的，那它本质上就是一个自利的论点。而如果简约生活的景观只是对其他群体而言——就说天国诸神好了——赏心悦目，我们便很难理解美学的考虑本身何以能激励我们过另一种生活。

预备动作：辨别赞美某事是出于道德的还是自利的理由

作为各式论点的标签，道德的理由和自利的理由在抽象层面上很容易分辨。举例来说，如果我们告诉小孩要与他人分享玩具，因为分享是好的，或者他有分享的责任，我们的推论本质上就是出于道德。如果我们要他与人分享是因为这么做会使玩伴喜欢他，而且能鼓励他们也和他分享玩具，总之就是能造成使他快乐的结果，那么我们的思维就是主要出于自利。不过，道德推论和自利推论的差别尽管众所周知，却不尽清晰明确。在接下来的两章，我会利用这一差别来区分支持简约生活的两大论点路线。以此方式进行讨论，有助于厘清这些论点的本质和优点。但在我们仔细检视任一路线的特定论点之前，对区分道德与自利理由开展简单的初步讨论，是为了阐明为什么这两者很多时候难以被明确区隔，我也由此提议应如何理解两者之间的关系。

假设我们赞美节俭生活是因为它使人坚毅，接着我们一定会想问：为什么坚毅是件好事？自利的理由称，倘若一个人性格坚毅，则遭遇不幸时将不会受创太深；道德的理由则说，因为坚毅是一项美德。可是我们为什么把坚毅视为一项美德呢？其中一个答案是性格坚毅本身就是个良善的特质。尽管有些人或许会试图为这一思维方式辩护，但这么说实在令人费解。要不是因为拥有某项特质可能为人带来益处，我们怎么会称这项特质是良善的？或许有人会主张看到人在逆境中保持坚强令人愉快，就好像看到美景觉得赏心悦目。这么说来，美德的价值就在于能够给人快乐吗？又或者有人会主张在逆境中不屈不挠对他人具有启发性。但这样一来，我们又不得不问, 为什么这些人受到鼓舞进而培养坚毅性格是一件好事呢?

如果我们放弃为坚毅本质上是一项宝贵特质的主张辩护, 那我们似乎不得不将之视为在某方面拥有工具价值。诚如最开始提出的, 坚毅能减少人在逆境中所受的苦, 也能在抵抗逆境时派上用场。此外, 坚毅的人无疑也是社群里的资源, 因为他们能帮助其他受苦的人, 也能帮助团体克服种种困难。上述赞美坚毅的理由大体上都是自利的理由: 这是一种利人利己的特质, 换句话说, 是有可能提升自己与他人幸福的特质。① 但认为人应培养坚毅性格是因为拥有这项美德的人对所属社群比较有用, 这也可以是一种道德论点。固然个人会因为从属于一个比较快乐的社群而受惠, 但无论是这项美德的价值, 抑或培养这项美德的动机, 都不只是出于自利。

通过这个例子, 我想说明的基本要点是, 把动机、判断或论点是基于道德抑或基于自利加以区分, 可能是个有用的工具, 但这样的区分无法明确, 也非绝对。在本章接下来的篇幅中, 我们将检视赞扬简约生活的道德论点, 然后在下一章, 我们将讨论选择如此生活的自利理由。把赞扬简约生活的道德理由和自利理由加以区分

① 对自己有用和对他人有用的两类美德之间的区别取自休谟 An Enquiry Concerning the Principles of Morals。

是为了方便说明，多数论点明显落在两个分类的其中一边，但在分析时又难免会模糊分类的界线。①

多数支持简约生活的道德论点把简约生活和个人美德挂钩。这里隐含的基本观念是，拥有某种特定的生活方式有助于培养某些可取的特质（美德），从而比较不容易发展出不受欢迎的特质（恶习）。重视生活方式与品性是德行伦理学（virtue ethics）这项哲学传统的特征。德行伦理学并不是将道德规范视为一套服从为良、破坏为恶的通则——此观点直至今日还支配着现代道德哲学——而是强调道德的举止是高尚性情的自然流露，借用耶稣的隐喻来说就是，凡好树都结好果子。德行伦理学因而会关心日常行为和习惯是如何塑造与反映一个人的道德品性的。

简约生活使人远离诱惑和堕落的危险

可以的话，请试着回想一则传奇故事、一部文学作品或电影，或是一本有教化意义的传记，当中

① 在某种意义上，功利主义者和其他结果主义者消弭了道德的和自利的理由之间的分歧：对他们而言，如果一个行动能增进整体幸福，那么做就是道德的。但第三章的论点主要是关于行为者的幸福，而不是每个人的幸福。此类论点形式为：如果你实践简朴，你感到快乐的机会就增加了。称这些原因为"自利的"有其深厚的康德哲学谱系传统，康德所给的标签是"追求自身幸福的建议"，与今天的普遍用法完全相符。

描述一名养尊处优的年轻人因为和淳朴的乡下穷人为伍，以致美德受到腐化，走上道德衰败的颠簸之路。你想不出来，我也想不出来。这样的故事或许存在，但不在我的脑袋里。在所有耳熟能详的道德故事中——狄更斯的《远大前程》① 就是最佳范例——腐坏人心的影响是反向的：乡下老鼠被城市老鼠的邪恶带坏，抛下它的卑微出身，做起发家致富的美梦。

　　这大概是支持简约生活最显而易见的道德论点：简约生活能为人移除凡夫俗子生来就难以抵抗的无数诱惑。这个论点出现在各种脉络中。这是柏拉图坚持在一个治理有方的社会里，人们应当要求统治阶级戒绝财富和奢侈品的理由之一[1]——这项主张得到无数理想主义者和乌托邦分子的喜爱，不幸的是，此举在今日被执行的机会似乎和最早被提出时一样渺茫。这是众多寻求神圣经验或心灵提升之人严格要求自己节衣缩食的理由，也是以前的各级学校包括大学之所以要效仿修道院运作的理由。

　　最早一批在荒漠中实践极端苦行的基督教隐士和修士，认为自己是在模仿荒野中的耶稣。自从修

---

① 《远大前程》的主人公皮普在接受匿名赞助后，从乡下前往伦敦学习怎么当一名绅士。受到城市生活的熏染，皮普开始奢侈度日，以致债台高筑，而且耻于把乡下来访的穷亲戚介绍给自己的朋友。

行生活开始制度化，远离肉欲诱惑是有宗教信仰的
个人选择守誓的一大理由。在公元 530 年前后形诸
文字的《圣本笃会规》，内容包括对贫穷、谦逊、
贞操和服从的诸多承诺，这一会规成了多数基督教
修会遵循的范式（paradigm）。清贫誓言（vow of
poverty）通常要人放弃所有个人财产，不过修道
院团体是可以拥有财产的，不消说，有些修道院最
终变得颇为富裕。但多数中世纪的隐修士维持厉行
节俭的生活方式。12 世纪，里沃兹的艾尔雷德这
样描述修行生活：

> 我们吃得少，穿得差，喝的水来自溪流，读
> 书读到睡着。我们四肢疲倦地躺在硬邦邦的垫子上；
> 在睡梦正香甜之际还是得听钟声的命令起身……任
> 性找不到任何机会；懒惰或放荡没有舞台。[2]

严密的预防措施排除任何性交的可能，定期搜
查宿舍确保无人囤积个人财产，严苛艰苦的日常例
行公事耗尽生理和心理的精力……修道院通过这些
手段，尽可能提供一个没有诱惑的环境。

19 世纪在美国创办学院的人当中，那些偏好
在乡村地区寻觅用地的，也是基于大致相同的思
维。简约生活使人远离诱惑的论点，有时巧妙地通

过宣传册子呈现，例如描述学院四周除了田野、森林和山丘，没有任何干扰，而这幅画面正符合视土地为美德之源的根深蒂固的观念。[3] 有时这一论点则是挑明了说出来。位于缅因州的北雅茅斯镇试图向鲍登学院的创办人推销其得天独厚的地理位置，说该镇"沾染放荡、挥霍、虚荣和种种恶习的机会不大，不像各大海港城镇往往充满诱惑"。[4] 田纳西州的塔斯库勒姆学院在 1847 年的介绍中指出，该校位于乡间，可以"守护学校不受城镇一切控制人心和使意志消沉的因素的影响"。[5] 不用说，这类保证主要是针对付学费的家长，而不是准学生。我应该补充说明，并非人人都对乡间校园抱持如此正面的观点。也有人抱怨远离都市文明的生活，会使人庸俗、腐败、淫乱且虚伪。[6]

简约生活，尤其是远离诸多城市陷阱的简约生活，究竟能够阻止怎样的诱惑呢？最明显的就是寅吃卯粮的诱惑，那是一条必然会导致财务危机的道路。比起道德理由，这项考虑可能更多是出于自利理由，尽管陷入不必要的债务危机长久以来受到道德学家的反对，毕竟这可能会对他人造成负面影响（譬如债主或欠债者的家人），也会越变越糟，引发一连串问题。更有意思的诱惑，是那些更快速通往被传统道德观念视为道德败坏的诱惑，亦即吃、喝、嫖、赌、卖春、吸毒。此外，由财富、奢侈品、地位和权力占据重要位置的世俗生活有逐渐腐败品性的危险，进而催生诸如利欲熏心、贪求无度、骄矜自傲、冷血无情——值得一提的还有怯懦（因为贪婪的人总害怕损失惨重）——等性格特征。

节俭哲学家最常采用最后一个论点。积聚财富、既而不停扩大财富的欲望，在现代美国和许多其他国家被推崇为进步与繁荣的动力。可是自古以来，哲学家普遍以怀疑的眼光看待财富的蓄积。跻身百万富翁行列的人自然会觉得这是哲学家的酸葡萄心理，他们指出哲学家中鲜少有人能用其思想或服务，创造赚大钱的机会。哲学家通常会搬出米利都的泰勒斯，作为例子回应这样的挖苦。米利都的泰勒斯约活跃于公元前6世纪，是普遍公认的第一位西方哲学家。故事是这样的，泰勒斯从气象观察中意识到那年将迎来橄榄的大丰收。于是他精明地买下所住区域的所有压榨橄榄的工具，当收成季到来，他靠租赁工具赚了一大笔钱。讲述这则故事的寓意当然是在说，假使哲学家想用强大的聪明才智赚钱，他们赚的钱可不会输给任何人，可是他们宁愿把头脑专注在更崇高的追求上面。但我不得不承认，时至今日还得引用2500年前的例子来表态，是有点可疑，不过要证明一件事是可能的，一个例子也就够了。[①]

　　确实有几位哲学家能正面看待财富，但多数着重强调其危险。伊壁鸠鲁提出的一项担忧是，在获取财富的过程中很难不对他人卑躬屈膝：寻求赞助的人，屈从于社会地位较自己优越的人；寻求群众认同的人，屈从于暴民。[7]这种情况大概在古时候比在今天更常发生，毕竟在富裕的现代社会，普通工人阶级要蓄积一笔还过得去的财富，远比过去容易。但伊壁鸠鲁的言论并非全然过时。为任何组织工作的员工若想在职业生涯上有所发展，甚至只是想保住饭碗，通常得刻意讨好上级领导。而且就算不是以个人渴望财富的形式表现出来，对金钱的关切也往往是获得公众认可的基础：无论是政治人物寻求选票、企业家贩卖商品或服务、大学校长试图增加入学人数、电视制作人关注收视率，还是作家想要卖书。所有人都会不由自主地试图满足受众的渴望。

　　许多学派的智者纷纷指出，财富还带有其他道德危险。智者们担心，对财富的渴望一旦被激起，就永远无法得到满足。就像尝过鲜血滋味的狗，享受起赚钱滋味的人将很难说出"够了！"富人因为

---

① 事实上还有其他例子。譬如 1728 年时，伏尔泰意识到政府提供的奖金比购买所有彩票所需的钱还多许多，于是和一位数学家搭档买下法国政府发行的所有乐透彩票，就这样发了大财。

拥有的太多，很可能变得不勇敢，比起多数人更害怕逆境和死亡。如果他们觉得有需要展示其财富，诚如许多富人所为，他们就会开始沉溺于各式各样的奢侈品和挥霍，导致他们越来越依赖他人——包括提供财富的人（赞助者、老板、客户），还有提供服务的人（仆从、司机、美容师）。对昂贵奢侈品的追求将导致他们浪费拥有的资源，以及比资源更重要的时间。汤姆·沃尔夫1987年出版的小说《虚荣的篝火》把故事设定在纽约那些金融玩家的世界，为上述的一切缺点提供了令人难忘的当代描述。①

　　有关财富如何影响个人的各种言论，显然既非必然，也非放诸四海皆准。有些人致富后一点也不铺张浪费，反倒越来越吝啬。"华尔街女巫"赫蒂·格林于1916年过世时，是世界排名数一数二的女富豪，但她却以吝啬著称：有一则故事说，她坚持洗衣女工只能清洗她洋装的下摆——最容易弄脏的部分——以节省肥皂。有些人挣得或继承了大笔财富，心满意足地守成，享受财富为他们带来的闲暇和独立。有些人成为慈善家，并在从事慈善工作

① 2018年5月14日过世的沃尔夫是美国"新新闻主义之父"。《虚荣的篝火》是他的第一本小说，出版之后即成为畅销书，后来改编成电影，由汤姆·汉克斯、布鲁斯·威利斯和梅兰妮·格里菲斯主演。

当中，越来越意识到他人的需求，也越来越渴望做好事。

即便深知财富的危险，斯多葛学派和想法接近的思想家并不认为物质财产本质上为恶，由此应该谨慎小心地避开物质财产；他们相信一切取决于个人对财富的态度。富甲天下的罗马皇帝奥勒留奉其养父的观点为楷模。

> 在面对供给他无数物质享受的大笔财产时，他的态度是——不傲慢，也不歉疚。如果有物质享受，他会趁机享受。如果没有，他也不会想念。[8]

斯多葛学派非常重视内心的平静，大抵认为幸福等于平静，因此对他们而言，不被失去的恐惧束缚才是最要紧的事。塞内卡写信给一位友人道：

> 我不硬性禁止持有财产，但我期望你能毫无畏惧地持有财富，而这种态度唯有当你相信即便身无分文也能活得开心时，才可能达到。[9]

塞内卡碰巧是他那个时代最富有的人之一，因此由他来告诉其他人应彻底远离财富，可能有点荒唐。但他很清楚致富与拥有大笔财产，可能诱使人远离苏格拉底的教诲，或许这是出于他的自我观察。斯多葛学派拥抱苏格拉底的教诲，相信坏事不会降临到善良的人身上。"贫穷绝非灾难，"苏格拉底写道，"每个尚未屈服于使世界颠三倒四的贪婪与奢华这等愚行的人都知道。"[10]

民间智慧、宗教经文、哲学和文学经常提到财富和获得财富的欲望对人有害。举例来说，旧约《圣经》告诉我们"不要劳碌求富"[11]，因为"贪爱银子的，不因得银子知足"[12]，而且"心中贪婪的人总会挑起争端"[13]。我们应该满足于简单的生活，毕竟"幸福其实不出饱腹、解渴和享受工作"。[14]使徒保罗立场坚定，他直言不讳地主张"嗜钱为万恶之源"。[15]

但这些古老的智慧泉源也指出，财富可能施展正面的道德影响，而贫穷可能使人迷途。奉劝世人别为财富当牛做马的旧约圣经《箴言》也告诉我们："富足人的财物是他的坚城，在他心想，犹如高墙。"在柏拉图《理想国》的开头，当苏格拉底请克法洛斯举出从财富获得的最大好处时，克法洛斯答道，至少对本来就为人正直的人而言，富有排除了去欺骗或敲诈别人的诱惑。[16]本来就为人正直显然是很重要的先决条件。虽然金玉满堂的人经常被逮到在钱滚钱时违法犯纪，但资源贫乏无疑可能使人狗急跳墙，做出在状态好时不会轻举妄动的事。

简约生活培养良好品德

生活得简单、节俭有助于培养良好品德的观念是陈词滥调。政治人物竞选公职时，若有机会的话，总是强调自己出身寒微，为养家糊口而艰苦打拼，而且私下的娱乐嗜好朴实无华，大概就是基于这个理由。如果他们自己没本钱打这张牌，就换成描述父母、祖父母乃至距今遥远的祖先出身卑微，及其品德培养的磨炼历程，盼望借血缘关系为自己的德行加分。

简约生活为何会被认为具有教化作用？答案五花八门。厉行节约促进审慎、节制和克己。人需要工作，从而使人产生强烈的工作伦理［相较之下，"游手好闲是万恶之源"（idle hands are the devil's tools）］。自己动手做事会使人越来越自给自足，并对自己的独立感到适度的自豪，而不是妄自尊大地轻蔑提供服务满足自己需求的人。奢侈享受使人软弱，贫穷生活则砥砺身体和心灵，使人更能承受逆境，而且在危机中更加坚强。此外，朴实、简单的生活方式会自然映照出诸如朴实、谦逊和正直的性格特征，也不会滋生令人联想到特权地位的性格特征，像是自负、傲慢和虚荣。最后这个观念，亦即生活简朴将创造内心简朴，是某些修会的根本假设，最著名的例子就是方济各会。

古斯巴达大概是史上最坚信简约生活方式有助于教化的社会。如果传世记载属实，那么他们曾把这套观念当作毕生的指导原则。根据普鲁塔克的记载，传奇的斯巴达立法者来古格士制定了一套规定与做法，刻意借此为全体公民培养一套特定的美德，包括勇气、身强体壮、吃苦耐劳、克己、爱国精神、淡泊财利、不心怀忌妒，以及坦率。这些措施深入斯巴达人日常生活的所有方面。男性公民须集体用餐，用餐者要不是必须显得不怕吃苦，肯定会因食物糟糕又填不饱肚子而发出伍迪·艾伦式的抱怨。① 粮食配给量少得可怜，是为了使年轻男人保持清瘦敏捷，并习惯饿肚子的生活；食物烹煮得淡而无味，是为了培养有什么吃什么的思想，无论食物多么不可口。事实上，由猪肉、血、醋和盐制成的可怕黑色炖汤，是斯巴达最受欢迎的一道菜肴，起码是最常见的一道。流传下来的记载显示，非斯巴达人都认为这道炖汤并不美味。据闻，一名

① 此处指伍迪·艾伦在《安妮·霍尔》（*Annie Hall*）的开场白说的玩笑话。两个老女人在度假村的餐厅里，其中一个抱怨说："这里的食物好难吃。"另一个则抱怨说："对啊，而且分量很少。"接着镜头前的艾伦说："基本上这就是我对人生的感觉。"

尝过黑色炖汤的旅人说："现在我知道为什么斯巴达人不怕死了。"男孩们也在公共食堂用餐，他们的餐食分量特别少，那是为了促使他们偷取额外的食物。这可不是因为斯巴达人认为偷窃是高尚的行为。他们的想法是，倘若偷窃被捕的惩罚够严厉，因饥饿而不惜偷窃的人，必然会发展出无比的胆量和聪明才智。

对简朴的狂热蔓延至斯巴达人生活的所有细节。据说来古格士立法禁止在建造和装潢房子时使用斧头外的任何工具，借此打消人们制作豪华配件和多余摆设的念头。斯巴达人对自己简练的说话之道感到自豪 ["laconic"（言谈简洁）一词衍生自拉科尼亚（Laconia），一个涵盖斯巴达的地理区域]。① 斯巴达音乐也相当朴素。根据普鲁塔克的记载，斯巴达最优秀的竖琴手之一特尔潘德只因为乐器增加额外的琴弦就被处以罚款，并没收竖琴。

斯巴达式生活受到几位古希腊知识分子的青睐。苏格拉底在柏拉图《理想国》一书中所描述的理想城市在许多方面以斯巴达为范本。柏拉图似乎对斯巴达之道显露出真诚的仰慕，即便有些时候可

① 最为人知的精简言谈之一，是斯巴达女人把盾牌交给出征战士时说的话——"与盾同归，或成盾饰"。意思是男人唯有战胜或战死才能回家。

能有点半开玩笑，例如他宣布拥有超过一根琴弦的乐器为非法。整体而言，柏拉图全心拥抱在居住、穿着、食物、音乐和文学上保持简朴将有助于精益道德内涵的观念。许多他的哲学继承人也传唱这个一脉相承的论调。卢梭对斯巴达的描述如下："那个城市的幸福无知与其律法的明智同等著名，那个共和国的公民是半神半人，而非普通人类，他们的美德似乎远远超越了人性所能企及。"[17] 今天仅有少数人赞同卢梭对斯巴达之道的仰慕，而且历史事实证明，斯巴达人最终维系不住他们的社会制度。[①] 但清苦能培养品德的观念仍在我们的社会里。这点可见于人们谈论昔日艰苦经验时的自豪，无论其中有几分真实，贯穿这类故事的基本假设十之八九是，这样的经验对人利大于弊。经济无虞之人把孩子送去参加野外课程，或送到海外发展中国家短暂旅居，也是基于这样的观念。此举的目的通常并非鼓励年轻人拥抱清苦的生活方式。相反，富裕人家通常喜

---

① 斯巴达人在公元前 372 年被底比斯（Thebes）打败。色诺芬（Xenophon）认为斯巴达人战败是因为他们变得温和且腐败。亚里士多德论称他们的生活哲学适合战争时代，但不适用于太平时代。柏拉图认为忽视文化使他们的生活失去平衡。参见 H. Mitchell, *Sparta* (Cambridge: Cambridge University Press,1952), p. 203。书中表示，斯巴达人对财富和奢侈的反对往往被夸大：有些斯巴达男人发财且堕落；很多斯巴达女人喜欢珠宝首饰。

欢看到子女最终获得标准的（而且所费不赀的）外显成就，而且多数经历短期"坚强磨炼"的人，其实不会发展出对节俭的长期承诺，或变得厌恶安适与奢华。但似乎人人都同意这样的经验——在某种不是非常明确的意义上——具有教化意义。

诚如前文所提到的，清苦能培养品德这个论点的另一面，是主张财富、奢华、宽裕和挥霍会滋生不受欢迎的特质。什么都不缺的孩子很容易变成娇生惯养的"死小孩"。过分地追求财富让人把财产看得比人更重要，最终堕落并踏上不归路，至少很可能踏上华尔街这条不归路。斯多葛学派认为，越是富有的人越担心物质上的损失，反之"当你身无分文，你也无所可失"，诚如鲍勃·迪伦的歌词所言 ①（不过，跟塞内卡一样，鲍勃·迪伦在一无所有这方面的经验相当有限）。依恋财产和惧怕失去财产往往让人变得比较自私、比较不勇敢，而且比较不慷慨。奢华生活使人软弱、邋遢、懒散、依赖他人，而且容易患痛风。

从柏拉图到梭罗这类论点在历史文献中随处可见。乍看之下貌似有理，但我们不该不经大脑就全

①　引自迪伦单曲《像一块滚石》(Like a Rolling Stone)，写于1965 年。歌词描述一个曾经锦衣玉食的小姐如今失去一切，过着沦落街头、无依无靠的可怜生活。

盘接受。节俭朴实的效果有时可能和目的或期待相反。举例来说，尽管节俭被认为有助于谦逊，某些实践节俭的古人却对清苦的生活方式感到自傲，进而觉得高人一等。第欧根尼就是很好的例子，从没有人说他为人谦逊。据说有一回在宴席上，他踩着柏拉图的昂贵地毯说："我踩在柏拉图的虚荣心上。"然后柏拉图回应说："第欧根尼啊，你这不也是同样的虚荣。"[18] 斯巴达式的清苦、修道院的自律、乡村田园的自然，以及工人阶级的节俭可以给人正面联想，但其他联想也是可能的。某些隐修士在宗教上的自满和修道院涉入政治密谋时有所闻。农民也许住得靠近自然，但他们中也有人无知、贪婪与狡猾。对抗经济逆境的奋斗可能滋养诸如不屈不挠、自给自足以及与社区团结一心的美德，但绿意盎然的郊区也可能是自以为是、自顾自洋洋得意的温床；贫穷也可以是滋长犯罪、酗酒、毒瘾、虐童、为非作歹和忧郁症的绝佳环境，而享受特权的教养有时能灌输道德上的正直和强烈的社会责任感——哲学家皇帝奥勒留就是一例。

此处的重点是，生活得节俭或简单和美德的实践没有必然关联。节俭生活不是品德高尚的保证。狄更斯《小气财神》里的史古基给读者留下深刻印象，叫人看看吝啬的习惯是怎样限缩同情、怜悯和慷慨的能力的。老加图著名的节俭也有不讨喜的方面：根据普鲁塔克的记载，他对待奴隶如同马匹，一旦老的做不动活儿就拿去卖，因为当他们不再有利用价值，就等于家里多了一张嘴吃饭。

简约生活培养优秀价值

这是上一个论点的延伸，但两者是可以区分的。性格是指具有某些特质，和肯定某些价值不太一样。一个人可能由衷赞美一项美德，却不具有该项美德。举例来说，我可能欣赏勇气，但本身却不勇敢。当然，有些人会说，肯定某个价值却没身体力行，充其量只是空谈，甚至有些虚伪，但这么看是过分简化了。有些时候，其实是很多时候，我们的思想先开始改变，然后行为才逐渐随思想转向。

所谓价值就是我们认为好的东西：能够成为就是好的，能够拥有就是好的，能够属于就是好的，能够体验就是好的。苏格拉底以降的道德学家试图分辨真实的和虚假的价值，呼吁我们支持前者并摒弃后者。不过虽然大家常常用到"虚假价值"这个词，但以"真实"或"虚假"来形容价值可能会造成困惑。这意味着有一套价值（"真实的"那一套）反映着某些典范（paradigm），类似地图对应着实际地形，而"虚假价值"则对应不上这一理想型的任何内容。然而，一般而言，多数人使用"虚假价值"时，意指那是不该被肯定的价值（哪怕只是自己私下的肯定），因为实现这些虚假价值不会带来预期或期待的结果。道德学家长久以来告诫我们不要高估财富、权力、荣耀或地位，他们的主要论点纯粹是，对这些事物的追求或这些事物的实现并不会让我们快乐；如果有人持不同看法，那他们是错的。

诸多智者表示，简约生活自然会使人拥抱道德德行、正直、友谊、内心平静和智慧等重要价值。更重要的是，这些"财产"（goods）即便不富有也能获得——真令人欣慰，毕竟这意味着美好生活是每个人都能企及的。这些陈述似乎毫无疑义。然而，有些重要价值并非如此明显地和简约生活或节俭相连，即便许多智者宣称是相连的。真理和愉悦是尤其棘手的两个例子。

人人都知道大力提倡简朴的清教徒对愉悦抱持怀疑态度。但基督教精神中的这个特性有某些哲学渊源，因为其附和了柏拉图提出的一个观点。柏拉图在许多对话中反驳将愉悦视为人类所能得到的至善（ultimate good）。举例来说，在《高尔吉亚篇》中，苏格拉底和怀有抱负的政治家卡利克勒斯两人正面对决，谈的恰好就是这个问题。卡利克勒斯联结善和愉悦，并且把愉悦理解为渴望的满足。这是他为演说辩护的公理（axiom）①，因为一个人能通过雄辩滔滔获得力量，然后用力量满足自己的欲望。苏格拉底站在反对立场，辩称哲学致力于追求真理（而不仅仅是说服），他还把不断寻求欢愉的人比喻为不停尝试（却未能）把渗漏的水罐给填满的人。（作为回应，卡利克勒斯把苏格拉底的宁静理念比作一颗石头的经验。）柏拉图对愉悦的不信任在其他作品中也能看到。他认为愉悦是使我们远离真正重要事物的一股吸引力。他所谓真正重要的事就是真理和美德。在《理想国》中，苏格拉底对理想城市的最初愿景，是所有市民成天坐在一起讨论哲学，不为满足基本需要之外的任何欲望所分心。[19]（他的对谈者则驳斥这个愿景不够文明。）众所周知，哲学在《斐多篇》中被形容为对死亡的准备，部分是因为哲学有助于灵魂抽离肉体的一切感官欲望和渴求。

　　然而，诚如我们所观察到的，并非每个节俭朴实的拥护者都对愉悦抱有怀疑态度。伊壁鸠鲁大胆地形容愉悦是"受赐福的生活之起点与终点……是

---

①　在传统逻辑中，公理是没有经过证明，但被当作不证自明的一个命题。因此，其真实性被视为理所当然，而且被当作演绎及推论其他事实的起点。

我们与生俱来的第一个善良天性"，[20] 还有其他人也和他持同样观点。尽管苦行主义绝对是节俭传统很重要的一部分，然而颂扬简单欢愉也是。确实，反复被用来支持简约生活的一个论点是，简约生活使人更能充分欣赏基本的和容易取得的愉悦，像是享受他人的陪伴和自然之美。这又是另一个前文提到的例子：简约生活的拥护者对简约生活的内涵并没有一个统一且连贯不变的概念。不同的思想家强调这一观念的不同方面，彼此之间时有冲突。

真理不同于愉悦，在道德上鲜少被视为可疑。差不多所有哲学家都将真理的价值视为理所当然。在尼采之前，没有人认真把真理不一定有益的想法当作普通命题。[21] 不过，古代哲学家所谓的真理，和今人普遍想象的真理是有差距的。苏格拉底、伊壁鸠鲁学派、犬儒学派、斯多葛学派及多数其他智者假定，任何头脑正常且愿意埋头苦思的人都能得到真理。这是因为他们的真理典范（paradigm of truth）——当然是最重要的真理——是一种哲学的真实和启发，可通过和志趣相投的朋友在广场或庭院对话而实现。搜索和寻求这样的真理与简约生活是完全相容的。

但今天的情况已不同。我们仍然享受关于哲学、科学、宗教、艺术、政治、人性和许多其他理论领域的文雅对话。而且在某种意义上，这些对话确实致力于追求真理。于尔根·哈贝马斯以保罗·格莱斯的对话传统分析为基础，进一步主张无论实际作为和真实动机为何，我们的讨论通常建立在一个共同假设上，那就是人人皆致力于确立所讨论主题的真理。[22] 但如今居于支配地位的是另一个真理典范：由科学确立的真理典范。多数时候，这不是一般人可以自己通过反思、对话，或在后院观察与实验能做到的事情。暗物质存在吗？吃蓝莓会降低罹患癌症的概率吗？全球变暖会产生更多飓风吗？从小接触音乐和跳舞会使人更聪明或品德更高尚吗？慷慨的人比吝啬的人快乐吗？人们可以围在桌子边讨论这类问题。但在多数情况下，谈论这类事情时，我们最终还是会听从专家不断在媒体上发表的权威意见。

毋庸置疑，当研究发现与我们珍视的概念相互矛盾，我们可能会抗拒，或许会引用轶事证据（anecdotal evidence）为自己的怀疑态度辩解（"我知道他们说蓝莓对身体好，但你看谢默斯大叔餐餐吃蓝莓，还是在 53 岁死于胃癌！"）。不过在多数问题上，舆论迟早会站到那些严谨地使用工具和科学方法来研究问题的人身后。而这些工具和方法，从粒子对撞机到包含成千上万研究对象的社会科学研究，是多数个人用不起的。使用这些工具和方法追寻真理，不仅必须拥有必要的知识能力，还需要高等的专门教育、研究机构的支持，而且很多时候需要大量的研究资金。或许在某些领域——譬如纯数学和哲学——人们仍然能够以传统方法追寻真理而无须动用太多资源，不被外物分心的严厉生活规范可能有助于追寻真理。维特根斯坦隐居到偏远的挪威乡村，在斯巴达式环境和相对隔离的状态下写作《逻辑哲学论》，可说是令人印象深刻的一个例子。但今天的所有学科基本上都是合作事业，研究进展非常依赖全球通信、学术研讨会，并且获得研究机构支持的个人，全都是烧钱的主儿。

基于这些理由，今天鲜少有人和苏格拉底一样，相信知识分子团团围坐讨论观念，就足以产生对自然、人性或社会的深刻理解。知识在今日是昂贵的。因此真理，起码是科学和专业学术研究所追求与证明的那种真理，不再是人们指望通过离群索居就能实现的价值。今天，如果真理被联结到节俭、简朴或清苦，通常是指另一种不一样的真理，那种通过宗教虔诚或冥想追寻悟道者所寻求的真理。

简约生活是为人正直的征兆

诗人和史学家经常颂扬古代帝王的富裕、宫廷的堂皇、领地的繁荣，以及财产的丰厚。这些东西被认为值得仰慕，并使贵族享有社会对权贵油然而生的尊敬。俗世的兴旺在旧约《圣经》中往往被用来彰显一个人或一群人因正直而受到神圣眷顾。所以财富可被间接当作一种对美德的奖励，因而也是一个美德的标志。现代社会则有个类似思维可以展现部分的新教教义。资产阶级想借由主张商业成就乃获得上帝首肯之征兆，缓解对资本主义与耶稣核心教诲相冲突的担忧：譬如"天助自助者"。

话虽如此，道德学家总是把简约的生活方式当作道德正直的可靠指标。第欧根尼·拉尔修的《名哲言行录》中充满描述与称赞智者对财富漠不关心的轶事。梭伦、阿那克萨哥拉、苏格拉底、迈内德姆斯和色诺克拉底是他记载中最著名的一些例子，但只占一小部分。柏拉图的《申辩篇》详细描述了苏格拉底面对审判时，请众人将他的贫穷视为正直的证据。尽管这一论点未能说服陪审团，但柏拉图显然借用老师生活的简朴，来强调美德的重要性高于一切。

在文学作品里，举止谦卑、偏好简约生活象征着正直、廉洁，这样的角色不胜枚举：乔叟《坎特伯雷故事集》的牧师和农夫，雨果《悲惨世界》的冉·阿让，《大卫·科波菲尔》的佩格蒂夫妇——这种类型的人我们都很熟悉，如果在生活中遇到，立刻就能认出。

当简约的生活方式是出于自愿，即一个人大可沉溺于虚华奢侈却做出不一样的选择，其道德健全所散发的光芒就更加明亮。佛陀乔达摩·悉达多抛弃皇族王子的人生，拥抱苦行主义，大概是最著名的例子。但还有很多其他例子。斯宾诺莎、甘地、维特根斯坦和曼德拉的传记作者，不假思索地把传主对简朴的偏好放在道德分类的优点项目。以史学家和道德学家身份写作的普鲁塔克，为教化人心提供了很多关于这类人物的描述。举例来说，以下是他对老加图的描述：

> 此人遵守耕种自己田地之古老习惯，此人满足于冰冷的早餐、粗糙的晚餐、最简单的衣物，以陋屋为家，而且此人认为拒绝奢侈品比获取更令人敬佩——这样的人稀有得惹人注目。[23]

老加图因选择如此过活而受推崇的程度，显然胜过因为雄辩滔滔，特别是当同时代的罗马有钱人，很多享受着从扩张中的罗马帝国边疆所进口的新奇奢侈品。

　　类似的态度延续到今日着迷于名人的文化。当伯格里奥于2013年获选为教宗方济各，人们热烈地讨论他当上主教时，曾拒绝布宜诺斯艾利斯的主教宫殿，而搬到一间简单的公寓，并在公寓里自己料理三餐。搬到梵蒂冈后，他选择和其他人在一间家庭旅馆共居，而不是住进历任教宗定居的奢华宗座宫。提到亿万富翁沃伦·巴菲特（2011年的财产总值名列世界第三），总是会说他喜欢垃圾食物，没请司机而是自己开车，而且不曾搬离他1958年在内布拉斯加州奥马哈购买的房子。大抵来说，富人和名人光是搭地铁或自己堆肥，就能轻松获得道德表扬。

　　简朴和正直的关联有点道理。选择简约生活最起码排除了一个古今常见的虚伪表现——一边赞美贫穷，一边奢侈度日。更重要的是，对纵情享乐和挥霍没兴趣的人，大概比较不容易堕落，因为他们对获取财富几乎无动于衷。延续类似思路，拥抱简朴使人无须依赖任何类型的赞助。诚如塞缪尔·约翰逊博士对赞助人的尖刻定义所示，"（赞助人）通常是以傲慢无理的态度提供支持，以换取阿谀奉承的无耻之徒"，这个定义使维持正直和自尊变得比较容易。

聚敛和挥霍是肤浅的征兆

　　这可以被视为一种延伸意义上的道德论点。此论点之所以反对聚敛或挥霍，不是因为这些特质会对自己或他人立即造成伤害，而是因为聚敛或挥霍透露心灵的贫乏，而且或许就是出于心灵的贫乏。经由大肆挥霍或囤积财产寻求成就感的人，很容易沦为把注意力放在外部事物，而不是培养道德、知识和美学能力的可悲人类。

这个论点似乎是把道德、自利和美学综合起来，但每个思想家的描述各不相同。公元 6 世纪的哲学家波爱修斯主要将其当作道德问题，但添加了宗教的元素。在《哲学的慰藉》中，作者想象自己因太过注重外表而被（拟人化的）哲学批评：

> 看来你内在空虚，导致你试图从独立于你的、外部的事物中寻求认同。因此，当一个凭着理性本质展现神一般风采的存在，认为他唯一的光辉在于拥有无生命的物品，形同对自然秩序的违背。其他生物对自己拥有的感到满足，而你拥有依上帝形象打造的心智，却试图用低等的物品装扮高等天性，浑然未觉对造物主的莫大辜负。[24]

多数宗教，以及从启蒙时代的人文主义到海德格尔的犹太神秘主义（kabbalism）等宗教的现代替身，都认为人有义务远离琐碎生活。波爱修斯在此以宗教理由为其主张辩护，他的推论算是相当简单。但是那些试图从世俗的立场为避免过着肤浅生活的道德律令（moral imperative）辩护的人，就不容易解释为什么选择表象是错的。

斯多葛学派一贯强调，通过拥有外物所实现的所谓幸福，具有无法令人满意的特性（unsatisfactory character），但这基本上形同自利的推论。举例来说，塞内卡想象上帝指点他认清"拥有金、银、象牙"的人：

> 倘若你能看穿他们的外在样貌，直视他们的内在天性，那些看起来快乐的人是悲惨的、丑恶的、刻薄的，表面打理得整整齐齐，就像他们家里的壁面。那不是牢固真实的幸福，仅仅是装模作样，是一种空洞的幸福。[25]

我们会以为执迷于赚钱花钱的人所拥有的虚假幸福引人怜悯。不过，摆脱蒙昧的智者所展现的情感，通常比较靠近蔑视。叔本华提出以下对挥霍的分析：

> 可鄙的挥霍之所以存在，导致许多靠丰厚

祖产度日的富家子弟，以不可思议的速度在短时间内将财富耗尽，追根究底其实是因为心智贫乏与空虚造成的无聊……通过从外部获取一切，（徒劳无功地尝试）以外在财富补偿内在贫穷。[26]

叔本华事实上以怜悯为其道德观的核心，呈现一个应该唤起同情的人类境况。在他看来，人类往往在痛苦和无聊之间摆荡：需求没被满足的人难以避免匮乏的痛苦，经济宽裕的人把时间花在击退无聊。尽管如此，叔本华对这两种人的心灵肤浅同样不留情："凡夫俗子，"他写道，"仅仅想着如何度日；有才华的人感兴趣的是如何对时间善加利用。"[27]尼采深受叔本华的影响，也倾向于根据精神财富或深度来评断一个人。尼采特别表扬有能力体验和表达人类存在之知识与美学方面的人。这些人本身就是人性最迷人、最讨喜的实例，他们的存在为全人类提供正当性及补偿。我认为这样的想法大抵上是美学的。只知赚钱花钱琐碎度日的浅薄之人，提供给拥有高雅精神的人一个恼人［尼采最爱的用语是"恶心的"（nauseating）］的景观。

这当然是相当极端的精英主义。但在持续批评资产阶级物质主义以及被想当然地当作其标志的庸俗时，类似的态度随处可见。可是就像前面探讨过的其他论点，无论是出于道德、自利还是美学的立场，我们都不该不加思索地全盘接受对"肤浅"的批评。一来，像"琐碎"、"肤浅"或"精神贫瘠"等用语不容易详细阐释。这些用语显然传达了负面的评价。但要具体说明究竟是什么使某种生活方式大抵上比另一种生活方式肤浅，却不是那么容易。贬损的用语往往被认为只是展现了发言者的武断偏好，反映了他的品位与兴趣。二来，依据外显行为推论一个人的内在生命质量是不可靠的。我们可以想见，某些人看似一心追求物质富裕的外显标志，但其实他们不过是"遵守游戏规则"，或能够把生活的各个方面划分开来，避免任何方面过度主宰其他方面。

　　认为简约生活本质上优于许多人偏好的讲究物质的生活，贯穿了上述所有关于聚敛和挥霍的贬损言论。前文提及的节俭智者或许对此深信不疑，但这是一个难以证明的命题。其难处类似约翰·穆勒在《功利主义》中试图论称的，某些种类的愉悦比其他种类更有质感。穆勒想超越杰里米·边沁提出的功利主义，他认为边沁功利主义的内涵太过粗糙。边沁主张所有愉悦本身都同样的好；万事万物生而平等，打简单的电子游戏和听贝多芬一样好。根据这样的看法，之所以认为某些愉悦比别的更好，是基于有些差别可被量化（至少在理论上如此），譬如持久度、强度，或是长期的后果。因此，在山丘散步被认为比酗酒好，纯粹是因为其愉悦感受比较持久，或是因为对健康的长期效果比较正面，又或是因为对他人（譬如整晚照顾醉倒朋友的人）造成较少痛苦。穆勒深信某些愉悦在质量上比较好，则是出于截然不同的考量。他为了支持这项主张所提出的论点，征求了不少人的意见，他们都曾享受大量且多样的愉悦。他们是这个领域的专家。如果这些专家普遍同意"高级的"愉悦（像是学习的快乐）胜过"次级的"愉悦（像是赢得一场撞球比赛），肯定是因为他们觉得"高级的"愉悦在某种意义上更令人满足。而说明这一偏好最简单的方式就是相信专家：某些愉悦本质上优于其他愉悦。

类似的情况是，节俭朴实的拥护者也可以主张，简约的生活方式先天就好过其他生活方式，那些体验过不同生活方式者的证词，就是这个主张的"证据"。这些生活方式包括清苦和奢侈，简约和挥霍。然而，这个推论有两个问题。首先，穆勒的论点类型是可疑的。诉诸所谓的专家证词，不必然证明特定种类的愉悦或生活方式确实比较好，充其量只是证明了某些人的偏好。他们的偏好对大胆断言事物的内在价值没有太多意义，因为他们的偏好很可能只是反映了他们的秉性。被"高级的"愉悦吸引的人，有可能正好缺乏欣赏所谓次级愉悦的能力，或许是因为他们天生比较理智，不那么重视感官。同样的，为简约生活的优越性做证的人，有可能正好非常不擅长自我放纵。他们不喜欢竞争，他们不因挥霍而感到兴奋，而且他们不太懂得如何心满意足地耽溺在奢华享受里。

对简约生活在内在上胜过其他选择的第二个反驳是，即便穆勒引据的关于愉悦的专家证词为真，但支持节俭和简朴的证词，并未达到我们所期待的结果。多数尝试过清苦与挥霍生活的人，似乎明显偏爱后者。要不是如此，我们理当经常看到百万富翁搬离豪宅，把游艇送人，然后过起享受简单愉悦的朴实生活。但事实上，这种克己举动相当罕见。

⋏ ⋏ ⋏

我们在本章检视了为支持简约生活在道德上比较可取而提出的一些主要理由：使人远离道德败坏的诱惑，能够培养良好品德，有助于培养优秀的价值，展现正直，其反面使人联想到肤浅与表面。[①] 尽管这些理由构成熟悉、合理且相互重叠的几种思路，但当中仍有许多值得质疑之处。节俭的习惯有时会滋长（或展现）吝啬；贫穷可能孕育讨厌的特质，引发狗急跳墙的绝望乃至犯罪行为；部分重要价值的实现，像是真理或科学进步，可能需要可观开销；尽管过度耽溺奢侈与挥霍可能构成受某些人鄙视的"比较肤浅的"存在，这类断言的明确意义以及对这类断言的辩解，很难说清楚讲明白。这些批评、怀疑、保留和先决条件，绝对不等于驳斥节俭比奢侈更容易滋养美德的论点，但确实显示节俭和各种可取的性格特征之间的联结是或然的，而非必然的。

---

① 有些德行伦理学家可能会和本章提出的特定论点相反，宣称节俭正直（frugality just）是美德之一，因为是美德所以是好的。确实有些德行伦理学家有时会如此描述美德。举例来说，罗莎琳德·赫斯特豪斯（Rosalind Hursthouse）在《美德伦理学》（*On Virtue Ethics*）一书中写道："根据德行伦理学，说谎有什么问题呢，当说谎是个问题，不是因为说谎是不正直的……而是因为说谎是不诚实的，而不诚实是一项恶习（vice）。"尽管我相信德行伦理学的复兴在很多方面是好事，我不太认同某些性格特征本身是好的或坏的。我认为，我们重视那些被称为美德的特征，譬如我们推崇正义、自由、真理或美，是因为我们相信这些关乎一己之幸福（此处指广义的幸福，不仅是一连串愉悦的主观经历），无论是偶然或必然。主张我们应重视节俭，因为节俭是一项美德，这对我而言是很空泛的陈述，毕竟美德说到底不过是我们重视的一项特质罢了。

第三章　为什么简约生活可以让我们幸福？

你想野地里的百合花怎么长起来，它也不劳苦，也不纺线，然而我告诉你们：就是所罗门极荣华的时候，他所穿戴的还不如这一朵花呢……所以，不要为明天忧虑，因为明天自有明天的忧虑。

——《马太福音》6:25—34

前文已指出，赞扬简约生活有道德的与自利的理由，但两者之间的区别既不明显也并非完全必要。许多拥护简约生活的哲学家来自德行伦理学流派；在他们眼中，使我们成为更好的人和使我们更幸福（从广义来说，就是自我实现），来自大致上相同的特质和习惯。尽管如此，现代哲学一般确实认为两者之间的区别是存在的，我们也会用这样的区分来辨别和厘清支持简约生活的论点本质上究竟是什么。

本章将检视的自利论点，就像前一章讨论的道德论点，绝非新鲜事。在西方哲学中，这些论点大多在两千多年前首先被提出，特别是出自伊壁鸠鲁与斯多葛学派的思想家；而后每隔一段时间得到一群中世纪和现代作家的支持背书；到现在仍被许多倡导节俭朴实的励志书反复提及。

　　这些论点共同的基本假设是，幸福是好事，是人类天生渴望拥有的，无需理由。这个观点受到亚里士多德、穆勒，以及历代无数哲学家的支持。尽管偶尔遭遇反对意见，但以尼采和陀思妥耶夫斯基两人为例，他们的言论若不是仅适用于特定少数族群，就是把"渴望幸福"与"仅仅渴望幸福"或与"最渴望幸福"混为一谈而使事情更加复杂。多数人能欣然接受幸福诚可贵的假设。本章要探讨的重点是，哲学家针对简单生活能增进人幸福的可能性所提出的各种理由。

简约生活增进美德，美德增进幸福

　　我们在上一章检视了许多支持生活简单有助于道德提升的理由。该观念构成这个论点的第一个假设。第二个假设也曾在第二章开头讨论过，亦即道德良善的人会因其美德而比一般人幸福。有些人引用宇宙正义的概念来支持这个假设：这辈子和下辈子的因果报应，或是上天施予的善恶奖惩。也有人主张光就道德德行本身就能自然而然地使人幸福。举例来说，柏拉图认为有德者的道德正直构成某种内在和谐，他把这份内在和谐拿来与无德者所展现的不和谐做对比。由于一个人在某种程度上，不可能感受不到这一内在状态，有德者将由衷地感到心满意足，而无德者将不可避免地失望不满。柏拉图的结论得到日后多数古典思想家的背书。斯多葛学派尤其坚持强调，道德德行的重要性高过一切其他良善。奥勒留附和苏格拉底，坚称唯一能使人痛苦的伤害，就是对其品格的伤害[1]，而塞内卡则主张"美德本身便足够支撑快乐生活"。[2]

顽固的愤世嫉俗者可能忍不住想把这一切斥为不切实际的妄想。但事实上这个观点——良善之人几乎总是被视为应该比缺德之人更受上天眷顾——非常有道理。让我们比较两个人：吉尔由衷为同事的成功感到高兴，珍则因看到同事的失败而感到非常开心。你比较想当谁呢？绝大多数人无疑会选择当吉尔。显而易见的原因是，我们认为她是比较好的人。但要是我们暂时把道德考虑摆一边去呢？我们同意吉尔是比较值得赞扬的人，可是当哪个人会比较愉快呢？柏拉图的思维显示，吉尔的处境也比较令人羡慕。显而易见的原因是，作为一个比较好的人，她可能拥有比较多的朋友、比较好的朋友，对友情比较有信心，能够享受不带愤慨情绪的朋友关系。另一个不那么容易阐明的微妙原因是，吉尔因宽宏大度而对别人的好运油然产生的愉悦，优于——不仅是在道德上——因为坏心眼而对同事的失败感到的愉快。当然，要从道德的外观提取无关道德的优越性很不容易。这和愉悦的强度或持久度无关。不过，柏拉图的内在和谐比喻，一个超越任何特定愉悦时刻以容纳个人全部经验的比喻，大概是个不错的写照。以自我为中心、残酷、坏心眼的人，绝不会对自己或这个世界感到自在，也无法取得和谐，因此永远不会获得持久的满足。宽容大度的人，相比之下，其实际感受和某部分的自己认为该做何感受，两者之间的冲突较少，而且他们感受到的自我内在现实和自己呈现在世人面前的样子，两者之间也比较和谐。

简约生活使人工作变少，闲暇变多

生活越是节俭，需要的钱就越少，可能存下来的钱也越多。无论如何，简约生活能够减少工作的需求，因而增加休闲时间，连带增进一己之幸福。这一推论简单明了。有趣的是，工作、闲暇及其与幸福的关系，在我们目前检视的哲学传统中有各种不同想象，而这个传统对工作的批判态度时至今日还有多少意义，是值得探究的问题。

闲暇的观念不只有单一意义或联想。有闲生活可能被当作成天懒洋洋：晚起，下午躺在泳池边啜饮玛格丽特。也可以是比较动态的消遣：运动、游戏、园艺、参与艺术创作、在安第斯山脉健行等

"休闲活动"。这些活动的共同点是不用工作，特别是出于赚钱之需要的工作。除非一个人的财富足够支撑不工作的生活，或工作恰恰就是他或她本来想做的事，不然我们总是把闲暇和工作看作彼此对立。在这些情况下，我们是把闲暇想成娱乐时间。闲暇的概念最早可追溯至古希腊，其基本含义是一段让人可自由选择要做什么的时间，而不用从事只是为了谋生的讨厌工作。对亚里士多德而言，这样的闲暇是美好生活的前提，毕竟纯因兴趣而从事自由选择的活动——譬如读书、运动或对话——比起出于必须或单纯为了保住什么（譬如薪资）而从事的工作，显然更有趣且令人满足。

　　闲暇普遍被认为是正面的，但纵观历史上的各种不同文化，人们对工作的态度大异其趣。多数社会的上层阶级通常轻视工作。无须工作谋生，使得他们一直以来有别于社会上的其他人，他们因此把被迫工作视为不幸，认为多数体力劳动有点可耻，觉得人会因为被迫从事体力劳动而蒙羞。这是古希腊社会上层阶级、无产阶级革命前的中国，以及19世纪欧洲的普遍看法，但还称不上举世公认。犹太教、伊斯兰教和基督教理论上都尊重并鼓励正当劳动，把工作当成避免贫穷的手段而予以支持，毕竟《圣经》有言："耕种自己田地的，必得饱食。"[3] 就连有闲阶级的成员，都可能在某种程度上赞同敬业的工作伦理，并且因为"游手好闲是万恶之源"而给自己找工作做——管理庄园、担任公职、做慈善工作，或是投身艺术与工艺。

时至今日，我们还是持续接收到混杂了正反两方的信息。一方面，学校鼓吹辛勤工作是成功的关键，超市表扬"本周最佳员工"，在各个社会与职业阶层的劳动者之间，我们比较常听到他们炫耀自己工作有多么认真，而不是有多少自由时间。另一方面，凭借运气、胆量、聪明和苦干，不再需要工作而能放松享受的幸运少数，仍然被我们的社会视为得到人生终极大奖。这两种信息显然都可用来服务经济体系。雇用他人生产商品和服务的资本所有人，以及那些买了这些商品与服务的人，他们相信勤奋工作的人是好人，还有美好生活主要包括赚钱与花钱。

节俭朴实的拥护者通常高度珍视闲暇。不过也有些人对闲暇持怀疑态度。古希腊诗人赫西俄德不同意上层阶级对劳动的轻蔑，宣称可耻的是游手好闲，而不是工作。[4]《圣本笃会规》指出"闲散是灵魂的敌人"，弟兄们应该使自己忙于体力劳动和虔诚阅读。[5] 富兰克林把所有不事生产的时间视为浪费，他警告世人"闲散制造麻烦，不必要的安逸使人痛苦做工"。[6]

在光谱另一端的人,则大力赞扬单纯的不作为。

> 若满怀心事,毫无时间驻足凝视,
> 活着还有什么意义? [7]

漂泊诗人 W.H. 戴维斯如此问道。华兹华斯为独自坐在石头上神游半天辩护时宣称:

> 心田只要澄明清虚,
> 智慧收成必然丰饶。[8]

梭罗在前文引用的段落中,极力夸赞成天不做事坐在阳光下盯着池塘的美好。事实上,多数闲散的拥护者仍然倾向于认为闲散是有作用的。华兹华斯坐在石头上时,其实是在给脑袋"补充养分"。不作为有助于养精蓄锐,使人得以欣赏当下的美好,使人得以接受生活周遭一切饶有趣味的、美丽的或有教育意义的事物。哲学家很自然地赞美不作为可以促进反思。举例来说,塞内卡严厉批评多数人"如蚂蚁般的存在",他们"静不下来的懒惰"人生没有留时间给沉思。"真正清闲的人,"他论称，"是那些懂得留时间给哲学思考的人。"

敬业的工作伦理在进入现代后受到诸多批评。的确，这方面的作品已形成一个卓越传统，多数旨在揭露过劳的愚蠢，并重新确立闲散的重要性。保尔·拉法格写于19世纪晚期的文章中，批评立意良善的工人运动所揭橥的口号，如"工作的权利"和"劳动的尊严"，实际上却是在宣扬增进资产阶级而非工人阶级利益的价值。他在《懒惰的权利》一书中表示，工作应该仅仅是"闲散之乐的一项调味品"。[9]伯特兰·罗素也附和这个观点。"工作的道德规范形同奴隶所遵循的道德规范，"他写道，"而现今社会已不需要奴隶。"[10]罗素论称敬业的工作伦理是过时的，因为节省劳力的科技应该使我们既能满足一切需求，又能大幅缩减执行无聊且没成就感的作业的时间。因此，从现在起"通往幸福与繁荣之路就在于有计划地缩减工作分量"。约翰·梅纳德·凯恩斯预言并赞同这一发展，他认为那是生产力和经济增长提高的必然结果。更当代的鲍勃·布莱克 ① 和艾伦·狄波顿也在支持一项全新的革

----

① 鲍勃·布莱克（Bob Black），美国无政府主义者，受到傅立叶、威廉·莫里斯、克鲁泡特金、情境主义国际等的影响，著有 The Abolition of Work and Other Essays，认为相较于资本主义与国家，工作才是支配的主要来源，主张应将工作转化为自愿的"生产性游戏"（productive play）。

命诉求时表达类似看法，那就是："全世界的劳动者，放轻松点！"[11]

这些批评工作和拥护闲散的人本身经常具有高度生产力。如果不辛勤工作，就不可能创作出像华兹华斯的《序曲》一样的作品，或像罗素一样赢得诺贝尔文学奖，或是像拉法格与狄波顿那样生产出一整书柜的作品。此处的矛盾只是表面上的。他们批评的是人们被迫从事的工作，他们自己的"工作"纯粹是他们利用闲暇时间从事的活动，既值得投入，又富有成就感。拉法格及其同伴并非坚决要求人人对闲暇善加利用，一如波德莱尔，他们认为游手好闲是种合理的生活方式。但也有人持批判的态度。举例来说，叔本华大肆赞美闲暇，视之为人生最棒的财产之一，因为闲暇让人"发挥卓越特质，无论那个特质是什么"，能这么做是幸福的。然而，他毫不留情地批评拥有足够物质财富得以享受闲暇，却不具备充分的精神才智妥善利用自由时间的"只知道游手好闲者"和"可鄙的懒汉"。他讥笑这种人不会得到幸福，只会觉得了无生趣。[12]

通往闲暇人生的路线多种多样。闲暇人生在此指免于必须（因此也是压迫的）劳动的自由。最富有远见的人选择最简单的道路，确保自己含着金汤匙出生。其他人凭借幸运之神的眷顾或精明机敏，又或结合前述两者，设法和有钱人结婚，但这可不容易；如果真有那么简单，简·奥斯汀的小说篇幅肯定大幅缩水，而且读起来也不会那么有趣。不过，对多数人而言，迈向独立有两条主要道路。累积足够的财富以避免必须工作，或是厉行节俭进而减少必须满足所求的工作分量。这两条道路当然并不相斥。富兰克林便是两者都提倡，因为勤奋之人若花得越少，积攒财富的速度也就越快："省下一便士就是挣得一便士。"但节俭智者普遍比较喜欢第二个选项。当塞内卡表示"只要够节俭，穷人也能变富人"[13]，他的意思是，如果学会省吃俭用并满足于相对的拮据，我们就不会因为没有富人的家财万贯，而欠缺真正重要的一切。第一条路线——聚积！再聚积！——的缺点是，通常需要一个人在长期辛勤工作的初期，投入大量时间成本。此外，诚如上一章提到的，除了获得财富，第一条路线还会附带染上聚敛和挥霍习性的危险，亦即人们可能会太过享受赚钱的愉悦感，太过珍视金钱带来的购买力，于是难以从中脱身。

不过第三选项也显而易见：找个既能付账单，本质上也有益的工作。这个选项直到近代前，对多数人来说仍遥不可及。工作是出于需要而被强迫去做的事；有趣又令人满足的活动则是在非工作的闲暇时间做的事——倘若真有余暇的话。这个情况应该也适用于描述自古以来的多数奴隶、农奴、农民和仆人的生存状态。然后，随着工业资本主义时代的到来，反差变得更加极端。马克思在1844年谈论劳动的异化的作品中，率先作出以下分析：

> 工人只有在劳动之外才感到自在，而在劳动中则感到不自在，他在不劳动时觉得舒畅，而在劳动时就觉得不舒畅。因此，他的劳动不是自愿的劳动，而是被迫的强制劳动。因此，这种劳动不是满足一种需要，而只是满足劳动以外的那些需要的一种手段。劳动的异己性完全表现在：只要肉体的强制或其他强制一停止，人们就会像逃避瘟疫那样逃避劳动。[14]

以上所述仍是许多当今工人的写照，特别是薪资最差的那些工人。但相较于马克思的时代，今天有更多人会期望、寻求并找到在某种程度上还算令人愉快满足的工作，这也是不争的事实。

最后的这项主张听在某些人耳里，肯定有些盲目的乐观。举例来说，狄波顿认为："少数工作确实令人满意，但绝大多数并非如此，而且永远不可能令人满意。"因此我们应该坚信，他敦促道，"人生必然会有悲惨，而这个信念是数百年来人类最重要的资产，是我们对抗怨恨的防波堤"，我们还要记住"除换取金钱外，工作总是在我们不期待能创造幸福时，变得比较容易忍受"。[15] 但狄波顿说只有少数工作令人满意有点夸张。今日社会绝对有很多工作是令人满意的，也有很多不是，还有更多在某些方面、某些程度上令人满意。几乎没有人会享受在糟糕环境下从事无聊、非技术性、重复、薪资微薄的工作，既不受社会重视，也不能满足任何社会需求。但若能施展技艺、帮助他人，为他们认为重要的理念服务，人们可以，也确实从工作中获得极大满足感，并且在这样的过程中结交朋友、适应社会、建立个人身份，进而感觉自己是大千世界的一分子。若没有薪水，就不想为工作卖命，这并不意味着他们的工作可以被适当且充分地形容为"纯粹压迫性的异化活动"。毕竟多数人必须靠挣得足够的钱来过日子，如果工作都没有薪水，那么无论多么享受其中，他们终究会被迫寻找其他糊口的生计。一天或一周工作结束之际感到松一口气，也不能证明什么。我们完成自愿选择的任务后也会松一口气：在花园里挖洞、主办生日派对、参加会议、写诗。对许多人而言，工作之所以令人厌烦不是因为其内在本质，而是因为必须工作的时间比他们愿意投入的时间要长：一个星期五天，而不是三天；一年五十周，而不是三十周。

　　对许多人而言，工作（赚钱糊口必须做的事）和休闲活动（因为使人感到满足而自愿选择做的事）之间的对立一直相当鲜明，至今依然如此。但对越来越多的人而言，两者之间的对比相较于过去，已经变得不那么尖锐，特别是在富裕的社会里。很显然是因为在富裕社会里，工作条件有所改善，工时缩减，工作本身因为需要技术，所以做起来有趣又愉快。因此，尽管省吃俭用无疑能使人不被赚取生活必需的轭套钳制，而且几乎人人都为无须工作维生的生活感到心动，但成为有闲阶级以及与有闲阶级同乐的理想，已不再是社会主打的美梦。这个美梦在很大程度上已经被把工作时间花在令人满足的休闲活动这样的理想给取代，亦即人们拿薪水做自己享受的事。毕业典礼上的致词者从不曾建议毕业生"踏进职场，设法找个能快速致富的工作，然后退休"。毕业典礼上传达的信息向来都是，"追求热情，改变世界"。今天，许多人认为最幸运的人，不是可观财富的继承者或彩票得主，而是清楚知道自己的使命，并为其热情奉献毕生之力的人：科学家、艺术家、学者、工匠、创业家、老师、表演者、技工，或是服务提供者——所有乐在工作的人。狄波顿和其他人或许认为把工作当作成就感主要来源的理想，是个不切实际且粉饰太平的迷思，不过是改版更新的敬业工作伦理，通过宣传，使工人把锁链的当啷声当成悦耳的音乐。但那样的立场不太站得住脚。认为大多数宣称对工作还算满意的人是虚假意识的受害者，这样的假设不是非常合理。

即便如此，节俭生活能减少必需的工作并增加闲暇时间的基本论点，依旧于理有据。从满足于这般生活之人的角度看来，人们没日没夜地工作好几年，只为了能负担得起看起来有一点钱的奢华消费——第二栋房子、昂贵的外卖、异国假期等——简直令人费解。困惑是理所当然的。夜以继日地买卖衍生性金融商品，只为了在已经有几千万存款的户头多添一百万，究竟意义何在？华尔街前对冲基金交易员山姆·弗克辞去工作，成立一个致力于帮助穷人的非营利组织。他认为那些人是"财富上瘾者"，他们的强迫行为、扭曲看法，以及各种形式的自我欺骗，和我们在药物或食物成瘾者身上看到的情况类似。[16]

然而，这个基本论点有两个先决条件。首先，我们必须认识到，个体通常对工作的努力程度没有太多选择。很多人光是为了平衡收支或在自己喜欢的领域工作，就往往被迫要比理想中更卖力工作，而且工时也比他们期待的更长。节俭不是一劳永逸的解决方案。当工资过低，即便做两份工也不一定能支付还过得去的现代生活所需的基本费用。诚如芭芭拉·艾伦瑞克在《我在底层的生活》[17] 所记录的，有时贫穷使人更难节省生活开销。举例来说，没钱预先支付整个月房租的人，可能被迫住在汽车旅馆，导致住宿费比起去租一间公寓还要高。[1]

第二个先决条件是，在 21 世纪的工业化社会，工作对许多人而言不再是像亚里士多德时代或马克思时代那样的诅咒。当然，世上仍有数百万人为五斗米折腰，对他们而言，工作和闲暇的对立始终是绝对的。可是也有数百万人并非像匮乏的农民那般挣扎度日，或在阴暗邪恶的磨坊工作，或像奴隶般卖命劳动，这些人如今在尚称怡人的条件下，从事有几分意义、薪水还过得去的工作，而且工作还能提供不少薪水以外的重要福利——友谊、社会参与、固定日程和自尊——大大地补偿了闲暇时间的丧失。（家务劳动也不像过去小孩很多、器具很少，又没有帮忙洗碗的老公时那样繁重。）此外，满腔

---

① 芭芭拉·艾伦瑞克举了佛罗里达州的例子，说明一间小木屋的月租是 500 美元，但她卧底报道的对象即使有两份收入，扣掉其他生活费仍无法负担一个月的租金和一个月的押金，迫不得已只好去租每周 250 美元的廉价旅馆，结果一个月下来的租金反而更高。

热情地沉浸在充满使命感的工作中那样美好的生活观念大受欢迎。这不是什么新观念，而且一直以来总有少数幸运儿的生活符合这一描述。不过，教育和就业机会的大规模增长却是前所未见，特别是自二战后，这个增长使找到本质上令人满足的工作这一美梦，对平民百姓而言不再像过去那样遥不可及。

满足幸福所需的基本需求

主张简约生活是通往幸福最可靠的道路，显然是以特定的幸福概念为基础。这个概念的核心想法是，幸福只需满足我们的基本需求和欲望，起码多数节俭智者是如此认为。伊壁鸠鲁学派和斯多葛学派，以及受他们影响的许多哲学流派皆持此观点。诚如伊壁鸠鲁所言："感谢神圣的自然，因为她使生活必需品容易取得，不容易取得的东西无关紧要。"[18] 塞内卡接受了这个论述。当他要被流放到科西嘉岛时，他写信安慰母亲道："自然期许幸福无须任何外在装备；每个人都有能力让自己开心。"[19] 在狱中等待行刑时的波爱修斯写道：

> 倘若只想满足需求——自然对人的期许仅仅如此——那就无须寻求过分的财富。自然很容易

满足：如果试图将多余的外物加诸自然的充分需求之上，你的慷慨将变得令人厌恶，甚至有害。[20]

1200 年后，梭罗在《瓦尔登湖》中也提到了此观点。诚如他独具魅力的文字所言："当我享受着四季的陪伴时，没有任何事情能使生活成为我的负担。"[21] 确实，别的不说，梭罗的生活实验，是在存在主义的层面上，示范什么是令人满足之生活的基本必需品（basic necessities）。但要说到谁最能够表现伊壁鸠鲁教诲的核心，或许就是 20 世纪迪士尼的影片《森林王子》① 中的哲学家巴鲁，他在剧中讴歌"古老大自然之母"提供了"简单的最低限度必需品"。

美满生活"必不可少"的东西是什么，这无疑是见仁见智的问题。举例来说，珍·卡萨兹在思考这个问题时，纳入了幸福、道德、自主和知识，全都是伊壁鸠鲁与斯多葛学派会赞同的；她还把个性表现，以及个人开发或发展算进来（这似乎是比较现代的价值），可是没有纳入友谊。[22] 我们也可以

---

① 《森林王子》改编自吉卜林的小说《丛林奇谈》，书中的巴鲁是一头棕熊，是野狼养大的人类小孩毛克利的精神导师。作者此处指的是 1967 年上映的卡通版。迪士尼在 2016 年又重拍了《丛林奇谈》，这次是实景拍摄加上电脑动画，中文片名翻成《奇幻森林》。

在单纯感到快乐和过着心满意足或充实生活之间做个区隔，但这么做将使我们太过偏离主题，因为古人并没有做这样的区别。

只要满足基本需求就能得到快乐的命题非常吸引人。然而，尽管我们对伊壁鸠鲁及其他哲人的至理名言点头如捣蒜，在现代化世界的我们，大多过着仿佛不同意其主张的生活，最起码我们似乎将基本需求的概念大幅扩充了。伊壁鸠鲁为了维护自己的立场所提出的论点，建立在对人类的需求与欲望的描述之上。这些描述相当细致，值得一探。

伊壁鸠鲁表示，人类的自然预设状态是愉快的。痛苦来自预设状态受到扰乱，因此愉悦地生活，总的来说就是没有身体上的疼痛，以及精神或情绪上的困扰。通往这种生活的关键首先是排除庸人自扰的各种焦虑，像是恐惧死亡，再则是排除愚蠢的欲望，意指那些即使被满足也不会使我们更快乐的欲望。

伊壁鸠鲁接着区分了自然的欲望（对食物的欲望）和非自然的欲望（希望能够竖立表扬个人的雕像）。不过这样的区别很可疑。既然欲望源于自然生物体内，怎么会有欲望是非自然的呢？去想象对荣耀的渴望是出于自然因素，特别是在达尔文（提出适者生存理论）之后：英雄很性感，因此他们往往在性方面比较活跃，孕育比较多的婴儿。伊壁鸠鲁使用"自然的"和"非自然的"问题出在，这两个字眼似乎是用来描述，但又具有评价的功能：他预设了自然比非自然好。做出这个可疑的区隔后，他接着提出一个更可疑的主张："自然的一切容易取得，多余的难以取得。"这个陈述显而易见是错误的。数百万饥荒、战争、疾病、天灾或政治压迫的受害者，可不会认为获取粮食、庇护或人身安全是容易的。另外，在生产、购买并将大量物品储存在地下室而后丢弃的社会里，任何人都能轻易积聚无限的多余财产。

　　伊壁鸠鲁对自然与非自然欲望的区别，最好暂时摆在一边。他对必需的与非必需的欲望划下的界线，则比较合乎情理且有意义。倘若未得到满足就会导致某种痛苦，那就是必需的欲望。他指出必需的欲望包括对生命本身不可或缺的欲望（像是逃离危险的欲望），对身体舒适必需的欲望（像是不受风吹雨打的欲望），以及构成幸福的欲望（像是对友谊的欲望）。一切与上述无关的欲望都被认为是不必要的。

　　伊壁鸠鲁并不鄙视或否认非必需的欲望，诸如品尝没见过的食物或听音乐。满足这些欲望可以丰富欢愉，而多样化本身就是令人愉快的。事实上，最早的伊壁鸠鲁学派哲学家于每个月的 20 日在花园举办盛宴，这显示他们并未自我局限于最低限度的必需品。伊壁鸠鲁只是嘱咐世人要认清，通过满足非必需的欲望而得到的愉悦是可有可无的。没有那些愉悦，我们一样快乐，我们应该避免因渴望那样的愉悦而耗尽精力或被控制。

此处的重点是控制欲望，这是伊壁鸠鲁从柏拉图那儿承袭来的。不幸福是过度追求满足非必需的欲望的后果，特别是当这种欲望变得无从满足时。这种情况很常见。因为"不容易满足的人，永远不会满足"。[23] 欲望究竟如何、为何变得无法满足，是个值得探讨的问题。在《金钱与好的生活》中，罗伯特·斯基德尔斯基与爱德华·斯基德尔斯基假定，"总是想要更多"这样的倾向根植于人性，因为不停地拿自己与别人相比是很自然的行为，而且我们会拿各种渴望的目标来做比较，譬如财富、收入、权力或荣誉。这种倾向在前现代社会受到宗教和传统习俗的约束，宗教和传统习俗所提供的美好生活概念，为一个人的欲望设定合理上限。但斯基德尔斯基父子论称，资本主义"使我们的固有倾向恶化成贪得无厌，因为资本主义把欲望从过去的习俗与宗教的禁锢中释放出来"。[24] 资本主义的手段很多：打广告；鼓励每个人（不单单锁定富人）通过购物竞逐社会地位；推动赞赏持续力争上游的意识形态；还有一点是将经济"货币化"，也就是把万事万物的价值转化为产值或售价，这个转变助长了人们为贪财而贪财。贪得无厌在越是富有的人身上越为明显，像是各大企业 CEO、公司的副总裁，以及高级金融的交易员。这些人不需要更多钱，但对他们而言，薪水和红利奖金能显示其地位和受重视的程度。诚如他们当中某人所言，金钱"只是一种计分方式"。[25]值得注意的是，柏拉图在资本主义时代到来的两千年前就观察到，比起其他欲望，对钱的欲望最容易变得贪得无厌。[26]

伊壁鸠鲁表示，培养心怀感激的态度，可避免被贪得无厌的欲望困扰："我们不该为了得到我们所没有的而断送已经拥有的，要记得我们所拥有的是来自幸运之神的礼物。"[27]这段话头头是道，伊壁鸠鲁的警告也获得历来无数智者的响应。但其中有三个问题值得一提。

首先，我们可论称，贪得无厌的欲望绝非所谓炮制不幸的秘方，反而是驱使某些人实现更高级、更强烈或更全面幸福的动力。追求并得到高官位置、巨大财富、诺贝尔奖、奥运金牌或惊人的艺术收藏品的人，或许不曾平息使他们步步高升的内在焦躁。在那层意义上说，他们始终不满足。但他们也可以宣称自己体验了"容易满足"之人不曾经历的满足（幸福）程度与种类。在此，我们再度遭遇苏格拉底与卡利克勒斯在柏拉图《高尔吉亚篇》当中的辩论。两人对幸福的认识相互冲突：一方认为幸福等同于无忧无虑的状态；另一方认为幸福是争取，获得，然后继续争取更多的不间断过程。比起假设这两个条件的其中之一通常会比另一个使人更快乐，我们更应该考虑世上存在多种幸福的可能性，每个人应该追求最适合其生活状况与个性的幸福。

其次，对永不满足的欲望所提出的警告，用在某些欲望上是合理的，用在其他欲望上则不太成立。如果欲望的目标是领土、财富、权力、名声、荣耀、影响力、性、昂贵的艺术品、高级服装、跑车等，此番警告显然相当有道理。但如果欲望的目标是知识、理解、艺术满足、根除疾病或消灭不正义呢？这些欲望终究没有被满足的一天，这是否就构成了予以约束的理由？艾萨克·牛顿曾哀叹，他对洞察事物本质的追求，好比一个男孩在海边嬉戏，"而真理的汪洋就摊在我眼前仍待挖掘"。如果他约束了自己去理解世界的欲望，以避免持续不退的失望，这样是不是对他比较好？成就斐然、备受赞扬的小说家查蒂·史密斯建议其他作家："接受因为永远无法得到满足所带来的终生悲伤。"[28]

也许，她应该反过来建议她的读者永远不要这么做才对。

我们可以从两个角度看待这个论点。一个角度是将它看作对前述反对的支持：世上存在各种愉悦和幸福，它们总是和不满足联系在一起，而伊壁鸠鲁式的准则并不了解这点。另一个角度是将它看作对幸福优先顺序的怀疑。牛顿对理解事物本质、贝多芬对充分的艺术表达、沙克尔顿 ① 对冒险或是哈莉特·塔布曼 ② 对正义的无尽欲望，也许并没有为他们带来幸福；这股无尽欲望甚至可能影响了他们快乐的能力。但这样的例子提醒了我们，也许幸福并不总是理性之人的首要目标。

最后，"基本需求"的概念会随历史背景和文化而变动。在前现代社会以及今日某些社会，一个人很可能满足于生命不受威胁、身体健康、衣食无忧、有朋友做伴。但在多数当代社会，如果那就是一个人拥有的全部，他会被归类为赤贫，尤其是在

---

① 沙克尔顿（Ernest Shackleton, 1874~1922），英国极地探险家，最著名的事迹是在 1914 年至 1916 年搭乘"坚忍号"前往南极，打算徒步横越南极大陆。没想到"坚忍号"为浮冰所困甚至沉没，船上 28 人辗转漂流到象岛。沙克尔顿带领 5 名船员前往1300 千米外的南乔治亚岛寻求救援，最后 28 人全部获救。

② 哈莉特·塔布曼（Harriet Tubman, 1822~1913），美国黑人废奴主义运动家，曾为奴隶，后帮助许多黑奴逃跑，化名"摩西"，并于 1863 年策划了一场针对南卡罗来纳州南方军的袭击。

现代化工业高度发展的国家。在美国这样的国家，就连经济条件相对有限的人家都可能拥有比那更多的东西：汽车、电视、收音机、音响、电话、相机、洗衣机、微波炉、自来热水、冲水马桶、书、游戏、玩具、相片、小饰品、宠物、厨房用品、珠宝、好看的衣服、漂亮的陶器、运动装备，外加不知不觉堆满整个车库的莫名废物，物主只能期待某天这些东西会在清仓拍卖会上找到更合适的主人。

社会上当然有人穷到几乎或完全没有这类物品。也有像阿米什这样的群落，以及选择"脱离电网"① 生活的个人，或是接受博主戴夫·布鲁诺"只靠一百样东西活下去的挑战"29② 而刻意放弃他人视为理所当然的便利措施与日常设备的人。但多数生活在现代世界的人，显然不认为仅有伊壁鸠鲁所谓的"最低限度的必需品"还能感到快乐。当然啦，我们也许是错的。诚如心理学家丹尼尔·吉尔伯特论称，人在预测什么能让自己感到快乐这件事上，往往糟糕得一塌糊涂。30 但我们的脑袋之所

---

① "脱离电网"（off the grid）指的是不依赖远端的公共设施，例如电网。原意是在人口分散的地区通过自行发电来解决供电问题，后来则引申为一种试图自给自足的生活方式。

② 戴夫·布鲁诺（Dave Bruno），美国极简主义实践者，因发起"只靠一百样东西活下去的挑战"而掀起仿效热潮，著有《裸活时代》。

以如此运作是有合理原因的。

　　第一个原因是，当社会生活的模式变迁，我们对什么是必需品的概念也跟着变。这很明显和稍早提到的"基本需求"的相对性有关，但要知道，改变不仅发生在我们的思考中。今天的人将自来热水视为基本必需品；在不久前的过去，那可是一项奢侈享受。但这不单纯是因为我们已变得习惯物质享受，才提高对必需品的定义门槛。社会期待也有所改变，不随之调整的人将吃尽苦头。家中没有自来热水和洗衣机，按照中世纪时代的频率洗澡和洗衣服，很可能使人交不到朋友和找不到工作。在现代社会，没有手机等于与世隔绝，就好像在过去社会足不出户的人一样。很多工作需要开车，对于不住在大众运输交通网中的人而言，想要购物和拜访朋友非得拥有一辆车不可。杰罗姆·石格尔在《优雅简朴的生活》中论称：

　　　　满足特定需求究竟需要哪些商品和服务并非固定不变的……这不是因为人们不断发明新的需求。需求都是一样的，但日用品规格（指满足长期需求所必要的商品和服务）却日新月异。[31]

　　为支持这一论调，石格尔巨细靡遗地探讨满足

20世纪晚期美国人对经济安全、住宅、交通、粮食、健康保险、衣着与教育之基本需求的普遍要件。正是因为满足这些需求如今得花大笔金钱，所以尽管拥有这么多可以节省劳力的美妙科技，伊壁鸠鲁及其同伴所推荐的那种简约生活却比过去更难实现。

今人觉得要过得快乐不能只有最低限度的必需品的第二个原因在于，当世界在改变，我们的欲望、野心和期待也跟着变。石格尔说人并未发明新的需求，这番话不够中肯。他的论调表明各个时代的人类都有快乐的基本需求，随着时间改变的，只是满足此需求不可或缺的"商品和服务"。但此言忽略了人对幸福的想象中的实质内容会受世界变迁的影响。很多年轻人渴望"性福"、旅行、拥有不寻常或激励人心的体验、实现非凡成就、游历世界留下足迹。他们的梦想多数时候可能不切实际，但那不是重点。重点在于随着过去两百年来预期寿命、社会流动性、职业前景和娱乐机会的大幅提升，伊壁鸠鲁学派的幸福概念对许多人而言，就算没到彻底乏味，仍旧显得过于卑微。此外，看到其他人正追求充满野心的目标，而且当中有些人功成名就，我们对美好生活的想象自然会受到影响。这也会让待在家里照顾花园的人很难不对自身处境感到不满——类似弗兰克·卡普拉的经典电影《生活多美好》中,在天使教他对自己所拥有的心怀感激之前,乔治·贝礼(詹姆斯·斯图尔特饰)所经历的那种挫折。①

最后,这个评论引出今人难以满足于伊壁鸠鲁最低限度必需品的第三个原因:为维系自尊,我们如今需要更多。这很重要,因为自尊普遍被认为是幸福的必要条件。政治哲学家约翰·罗尔斯在《正义论》里,把自尊列为其中一个"基本善"(primary goods)②,亦即无论他或她的人生计划为何,我们可以假设任何有理智的人都想要的那种东西。事实上,罗尔斯认为自尊或许是最重要的基本善,因为若没有自尊,人会认为自己没有道德价值,而且可能感到羞耻。[32]

理想上,我们应该像住在桶子里的第欧根尼,彻底不在乎我们在社会经济等级秩序中的地位。我们喃喃自语爱比克泰德的格言——"形势不会造就人,而是让人看到自己的真面目",然后就不会再

---

① 《生活多美好》(It's a Wonderful Life)是美国人最热爱的圣诞电影之一,描述从小就热心助人以至于无法实现自己梦想的青年乔治·贝礼,在圣诞前夕因为家族银行陷入亏空危机,打算跳河自杀。这时他的守护天使出现,帮贝礼回顾了他的一生,让贝礼明白如果他从未出生,这个世界会变成什么样。

② 基本善是罗尔斯正义理论中的一个术语,也译作"首要善",指一个理性的人无论如何都会想要享有的事物,包括自由、权利、机会、收入、自尊等。

热衷于拿自己和他人比较。这是斯多葛智慧的一项核心元素。从这个观点来看，如果只因看到别人过得比自己好就丢了自尊，即便拥有生活的基本必需品，问题还是出在你身上，而不是你的处境。但这对多数人而言是很难彻底内化的教诲。奥勒留曾说："我们都爱自己胜过他人，但在意别人的意见胜过自己的。"[33] 在现实生活中，多数人无法将我们对自己的看法阻绝于与他人比较以及他人眼光的影响之外。我们所属的社会就像一面镜子，大致决定了我们的自我形象。情况向来如此。可是在前现代社会，作为公民或奴隶、主人或农奴的社会地位，基本上是一出生就被决定了，因此人们至少在两个方面比较容易接受自己的命运：一是绝大多数人并没有过得特别好；二是大家都接受社会地位基本上不受自己控制。相较之下，在当代美国这样的社会里，竞争态度从经济体系扩散到其他社会互动的领域，而且不断接触到认为社会本质上用人唯才的普遍（但高度可疑的）观念，想当个乐天知命的人可不容易。因此即便从许多角度来看，今天的穷人拥有史无前例的高物质生活水平，但比起过去任何时代，今天的穷人需要更强大的独立精神才能"穷得有骨气"。

我想说的不是资本主义社会中的人都无可救药

地深陷物质的汲汲营营。大多数人并未走火入魔地渴望致富、掌权或出名，而且绝对有能力对他们的需求见好就收。但仅以最低限度的必需品度日会招来可怜或轻视的眼光。没有多少人喜欢被可怜或瞧不起，也没有多少人能对此无动于衷，不让自尊受到负面影响。

这些针对伊壁鸠鲁主张满足基本需求便足以得到幸福的批评言论，不意味着他的命题彻底错误。这项主张提供了一个有用的观点，一个提醒，鼓励我们辨别愚蠢、浪费、不必要或不真诚的需求和习惯，进而反省自己的生活方式。这项主张传达的宝贵观念是，幸福的关键元素通常就在我们这些不至深陷糟糕处境的人触手可及之处。当我们未能看清这点，就会以为追求幸福等于追求尚未拥有的东西。就是这个误解，导致我们偏离通往知足常乐之路，并且陷入追逐享乐的无限循环。

简约生活以超然提升内心宁静

这个论点和刚讨论完的论点紧密联结；的确，两者相互依赖。若拥抱以内心宁静为至高追求的幸福想象，则满足基本需求便足矣。若对美好生活的概念还包括诸如乡村俱乐部会员证、美食佳肴、滑翔翼，以及环游世界的邮轮假期，或是热情参与政治宣传、商业投资或大规模戏剧制作等复杂繁重的活动，那么满足基本需求肯定不够。对抱持后面这项观点的人而言，简约生活可提升内心宁静是个没说服力的论点，因为宁静不是他们的终极目标。然而，在哲学家之间，把美好生活等同于内心与情绪平静的生活几乎已经是陈词滥调。莫尔的想法具有代表性：他认为确保乌托邦公民得到幸福的秘诀，就是通过法律来消除对贫穷的恐惧以及因为排场的自豪（也就是借由把别人比下去所获得的那种荣耀）。[34] 他相信一旦法律通过，没有人会不理性地想要拥有更多。诗人也常歌颂相同论调。亨利·霍华德和莫尔生活在同时代（和莫尔命运相同，他也在亨利八世统治期间被送上断头台），最著名的诗作是《迈向快乐生活之道》，内容赞扬能促成"心如止水"的一切都是幸福之钥。

> 平等的朋友，没有积怨，没有龃龉；
> 没有规章束缚，也没有人为统治；
> 没有疾病的健康生活；
> 瓜瓞绵绵的家庭；
>
> 简陋的饮食，没有精美的珍馐；
> 真实智慧结合简单；

到了夜晚放下所有负担，

葡萄酒也难以超越。[35]

　　尽管在形而上学议题上各持己见，柏拉图学派、伊壁鸠鲁学派和斯多葛学派对此倒是看法大抵一致。没错，不同于柏拉图学派，伊壁鸠鲁学派认为善就是愉悦，与美德无关，而且和部分斯多葛学派哲人相反，偏好远离社会的清静无为，而不是担起公民义务。但他们对幸福的想象本质上颇为近似。诚如稍早前提过的，伊壁鸠鲁认为正常生存状态是愉快的，负面情绪如焦虑、恐惧、嫉妒、挫折、愤怒或愤慨的发生是对这个状态的主要威胁。因此，他的主要关切之一是去学习人该如何避免这些情绪，这和斯多葛学派并无不同。倘若这番尝试奏效，应该会得到被柏拉图标举为精神健康主要指标的某种内在和谐。

　　佛教对正常人类状态的观点和伊壁鸠鲁学派截然不同，但实际上得到的结果大同小异。佛陀认为人的一生通常包含了大量的苦，因此生命的目的应该是停止受苦。他提倡以"八正道"通往证悟与涅槃便是出于这个假设。叔本华受佛教教诲影响至深，他认为人生整体来说就如同摆荡在痛苦和无聊之间的苦差事。因此，他认为我们最好的选择就只有尽可能减少痛苦。"深谋远虑之人以不受苦而非享乐为目的"，他写道，因为"所有愉悦和幸福的本质是负面的，而痛苦的本质是正面的"。[36] 基于此原因，他果断地支持苏格拉底对抗卡利克勒斯："最幸运的人是一辈子不曾经历任何巨大痛苦，即身体的或心灵的巨大痛苦，而不是拥有最强烈的快乐或最极致的愉悦。"[37] 这并不是否认会有思想家指出，某些非凡喜悦的时刻正是人生之所以被称为幸福的主因，不过这样的观点较常见于诗人和艺术家之间，而不是哲学家。

我们该如何看待简朴是获得宁静的保证这个命题？下面从两条路线展开讨论。

富兰克林式论点（如此命名以纪念本杰明·富兰克林）浅显易懂。一个人生活简单节俭，自然远离债务，而且若能确保收入永远多过花费，假以时日就能积攒到一小笔储备金，这意味着你不必害怕某天沦落到救济所。这个方式充满精明自利的色彩，完全就是富兰克林会做的事。

马利式论点（如此命名以纪念鲍勃·马利）[①]

---

① 鲍勃·马利（Bob Marley, 1945~1981），牙买加歌手，雷鬼音乐之父。1966年从天主教改信拉斯塔法里运动（Rastafari），这一新兴宗教相信大麻是一种具有疗效的药草，马利因此呼吁大麻应该合法化。1977年发现罹患肢端型黑色素癌，之后病逝于美国迈阿密。

提倡不一样的方式,马利的歌《三只小鸟》是最佳总结。

> 别为任何事烦心,
> 因为每件小事都会变好。

马利的建议一点也不别出心裁。它来自一个古老传统,而耶稣是这个传统最著名的代言人。

> 所以我告诉你们,不要为生命忧虑吃什么喝什么,也不要为身体忧虑穿什么。难道生命不比食物重要吗?身体不比衣服重要吗?你们看那天上的飞鸟,也不种,也不收,也不积蓄在仓里,你们的天父尚且养活他。你们不比飞鸟贵重得多么? 你们哪一个能用思虑使寿数多加一刻?你想野地里的百合花怎么长起来,它也不劳苦,也不纺线,然而我告诉你们:就是所罗门极荣华的时候,他所穿戴的还不如这一朵花呢……所以,不要为明天忧虑,因为明天自有明天的忧虑。[38]

奥勒留更平铺直叙地表达了同样的观念:"别管未来了,"他说,"该来的总会来,届时你自会有面对的才智。"[39] 塞内卡所见略同："期望是生命最大的阻碍；在期待明天之际，今天就消失了。"[40] 这番言论的基调是，为未来烦心不仅多数时候徒劳无功，而且使人无法享受当下，而享受当下是内心平静的必要条件。

把简约生活与宁静联结起来的这两个方式，彼此并不相容。富兰克林说我们应该思索未来，利用聪明才智避免未来遭遇逆境。马利及其同伴们则主张走更直接的路线实现宁静：停止为未来担心，一切船到桥头自然直（对马利而言，这条路通常因为占卜而更快速直达）。但其他人纯粹呼吁世人对未来抱持信念，无须使用提升自信的药物。我们必须承认，这观念乍听并不太合理。发生不幸的事在所难免：人会死、生病、受伤、失业、流落街头，人会被抢、被背叛、被压迫或虐待，还会忧郁。当诸多反面证据摆在眼前，我们为什么还应该相信"每件小事都会变好"？

有鉴于反对意见是如此明显，我们或许该更精细地检视一下这个看起来不怎么精明自利的马利论点。耶稣和塞内卡智慧箴言背后的观念，应该不是建议我们完全不要计划未来；再怎么说，某些耶稣最著名的寓言故事，似乎对深谋远虑是肯定的，例如为无花果树施肥，或修补衣服以延其使用寿命。

重点其实是，我们应该培养不那么在乎得失的心智习性，特别是不要太在乎物质财富的失去。如此一来，我们在当下就能少点焦虑，而且更有能力在遭遇逆境时泰然处之。这便是他们眼中简朴与宁静的关联。

这似乎是明智之举，起码就物质财富方面而言是这样。（预防过度依附于家人与朋友的概念——尽管斯多葛学派、佛教徒和其他人的态度是鼓励的——对这时代的人而言通常不太有吸引力，特别是当至亲至爱早逝、猝死的可能性已远低于过去。）不过，我们不得不承认，如今广受接纳的是富兰克林的审慎自利的哲学，而不是对未来的满不在乎。每篇谈论个人财务的文章，以及每个财务规划顾问都敦促我们未雨绸缪，拨一笔钱应付失业或不可预见的紧急状况，尽可能把钱投资在私人和公司的退休金方案，定期把钱存进大学储蓄计划，确保有足够的寿险、健康险、财产险、长期照护险、宠物险等。针对特别杞人忧天的人，还有各式各样的延伸保单，外加旅游险、手机险、婚礼险、车贷差额保险，以及针对外星人绑架的延伸保险（2013 年的最优方案是一次缴足 25 美元就可以买到保额 1000 万的保单）。政府通过税收要求我们，或说鼓励我们，对未来做些规划。在各个社会中，多数没有足够国家退休津贴而且存款不足以保障舒适退休生活的人，不是因为他们骨子里是斯多葛学派或佛教徒，所以才致力于活在当下，而单纯是因为其收入不足以为日后做准备。

我们不该过分担心未来，因为"期望是生命最大的阻碍"这个观念，肯定还有其他适用之处。在社会层面，太过专注于"现在财"（present goods，像是减税或煤气钱）而牺牲"未来财"（future goods，像是更干净的环境和财政无虞的社会福利制度）一点也不值得赞扬，我们理应为这一短视近利的后果感到担忧。无论是个人还是群体，在做重大计划和参与长期任务时，都很难不担心偏离轨道。无论是抚养孩子、种植作物、经营事业、进行研究、写书、成立组织，还是为理念奋斗，都是如此。但投入并实现这些任务能为人生带来最珍贵的经验和成就。以过程中虽有满足（但愿如此），却也有焦虑为由，避免投入任何长期计划，丝毫没有道理。而且人一旦全心投入某项计划，很难不对是否有机会成功耿耿于怀。

不要过分担忧未来的劝告，唯有加上特定限制才显得合理。这等于告诉我们，不要因为对未来过分焦虑而浪费了现在，也不要对失去不重要的事物过分担忧。简约生活的优点是，证明了人不需要太多就能满足，以及很多我们认为必要的其实是多余的。牢记这些道理可帮助我们变得如伊壁鸠鲁所言，"无惧命运"（fearless of fortune），起码在资源和财产方面如此。不过，简约生活如何能助人超脱他们在乎的其他事物，诸如挚爱、有意义的任务或政治理念，倒是有待进一步解释。

省吃俭用使人不用担心时局艰困

这个支持实践节俭的自利论点在斯多葛学派中间尤其受欢迎。诚如塞内卡所言："我们务必惯于贫穷，如此命运才不会令我们措手不及。"[41] 一旦灾难不幸发生，如果已经过着省吃俭用的生活，而不是成天纸醉金迷，受到的冲击将会比较小，而且也会让人比较容易以开朗的心情"保持振作"。

请注意，这一论点和上一章所谓习惯困苦能培养坚忍、勤勉、克己等美德的论点稍有不同。这个论点的主张是，简约生活提供一种保护，使人不至于在失去财富、收入或地位时感到悲惨。两个论点互有重叠，没错。遭遇逆境时保持开朗、不灰心丧气，是受社会大众欣赏的特质，也是对自己有利的特质。但按照前文概述的区分，实践节俭降低受苦受难概率的主张，可被归类为主要出于自利而非道德的论点。

塞内卡以及其他节俭的拥护者，甚至建议我们要系统地剥夺奢侈享受。

> 让自己靠粗衣淡饭度过几天，然后对自己说："这会使我害怕吗？"安逸时，人应训练自己忍受艰苦，命运顺遂时，人应凝聚力量准备面对命运的严酷。[42]

这一切都很有道理。每天早晨洗冷水澡是应对长期断电的绝佳训练；上求生课程为的是应对文明世界的常态服务的无预警崩溃。这就是我们衷心推荐洗冷水澡和积累野外求生经验的原因；在过分舒适的环境中长大，不曾像我们小时候一样必须和各种不便搏斗的年轻人尤其应该这样做。但尽管这个论点在理论上头头是道，它却是又一个应该细嚼慢咽而不是囫囵下肚的论点。而且，诚如人们耳熟能详的多数观念，细嚼慢咽后会发现各种局限。

自愿或非自愿的匮乏经验，是否能使人在某天遭遇艰困时避免陷入绝望的泥淖，只有实证经验能解答。探讨人们可以如何应付、实际上如何应付，或应该如何应付逆境的作品多不胜数。许多心理学研究聚焦于失去挚爱、伤残意外、性侵、战争经验或重症病发等带来的情感创伤。重点通常放在这类创伤造成的长期伤害，以及如何修复上。与贫穷、失业或无家可归的物质匮乏有关的心理学研究显示，许多相关问题，譬如健康不佳、药物滥用以及忧郁，来自那些经历长期压力的人，他们面对必须不断做出困难抉择的处境，相反，生活安逸的人则鲜少必须那么做。部分研究甚至显示，日常的压力可能对大脑有生理影响，导致我们更难应付逆境。[43] 读者可千万别因此以为塞内卡和其他斯多葛学派哲人是错的，因为他建议的自主性的克己不是会造成压力的那种。相反，选择简约生活——可能包括训练自己习惯偶尔的匮乏——的其中一个主要论点正是减少压力。

适应物质匮乏的情况取决于一个人的性情，尽管经验对性情有影响，但它不是决定性因素。有些习惯奢华享受的人能毫不费力地适应经济状况的变化。波爱修斯就是个范例。公元 480 年前后生于罗马贵族之家，他在 25 岁成为元老院的一员，在 30 岁成为执政官。因此在 40 岁前，他属于特权精英阶级。当他在公元 522 年被以叛国罪起诉、入狱，而后被判死刑，他的反应极其乐观。他没有咒骂或哀叹自己的不幸，而是在死前写下了《哲学的慰藉》，堪称幸福取决于个人内心状态而不是外在形势的经典示例。另外，每个人大概都能想到有哪些人因遭遇困境而变得更加愤恨、不满或自怨自艾，以至于永远无法变得开心。狄更斯《远大前程》中的哈维沙姆小姐就是一个例子，她的人生在被新郎骗婚后便停滞不前。[1] 个性发展没有铁律，只有通则，而且特定经验鲜少超越原生性情的影响。

我们可以反驳塞内卡和冷水澡军团，尽管空乏其身、动心忍性无疑是好事，但这样的锻炼对今天的很多人而言已经不如过去重要了。如今在世界上比较富裕的国家，多数人大抵享有一辈子不间断的舒适生活。不同于过去的灾害——瘟疫、饥荒、战争——今天的灾难通常仅影响小部分人口。天灾一般是地方性的，一个人遭遇天灾的概率相当低。经济衰退反而比较可能带来磨难，即便如此，饱受失业后果折磨的人，不会从吃生蚝沦落到吃蟑螂。他们的物质生活水平尽管和同时代人相比较低，但比起过去穷人的贫乏仍显得相对安适，前提是有遮风避雨处而且三餐不愁。按照这个论点，听从塞内卡为逆境做准备的忠告，在今天就好像北美人因担心

---

[1]　哈维沙姆小姐（Miss Havisham）在婚礼当天收到未婚夫来信，才知新郎带着她继承的遗产逃跑了。从此她不肯脱下结婚礼服，连结婚蛋糕和餐点也都维持原状，大宅里的钟甚至停在她收到来信的那一刻：8点40分。

染上霍乱而买保险[①];这样的预防措施唯有当预期可能会发生的概率更高一些,才显得有意义,也比较合情理。上述批评一针见血,但社会普遍认为偶尔体验匮乏能增强应付逆境的能力,而且即便沦落至赤贫的机会不大,我们仍会因而受益无穷。习惯不时匮乏的好处,不仅仅是使人对一夕破产之类的重大挫折有所准备。稍稍强化意志,可能还会让人更开朗地面对日常生活中不时出现的轻微不舒适、沮丧和挫折,如汽车抛锚、受困于暴雨中、错过午餐等。有鉴于糟糕之事层出不穷,若能改善遭遇时的心情,这么做便绝非微不足道的小事。

简约生活增强享乐能力

偶尔自主地选择艰苦或匮乏,不该只是被当作为日后遭遇困境或失望的悲惨情境打预防针,也可以被当作一种增进能力的方法,让我们得以享受生活中可得的愉悦。这个论点可分成两种主要形式:一是当奢侈和奇异的欢愉相对稀有时,我们更懂得感激;二是简约生活使我们更能充分地欣赏平凡的美好。接下来让我们依次检视其内涵。

---

① 根据世界卫生组织 2016 年的统计,全球共有 132112 例霍乱,其中约 54% 分布在非洲、约 13% 在亚洲(主要是孟加拉国和巴基斯坦,但最新的暴发地是也门)、约 32% 在加勒比海地区。

伊壁鸠鲁表示："越是不需要的人，越能享受奢侈的愉悦。"这里的"奢侈"应指不局限于满足平凡的需求与欲望。藏在这番言论底下的是一个熟悉又有说服力的观念：持续的豪奢会把本该令人快乐的事变成理所当然的，进而因为有所欠缺而使人恼怒且不适。但当豪奢生活不是平日习以为常的经验时，我们从中得到的愉悦可能会得到放大。热水澡和柔软被单在苦了一段时间后尤显美妙。我们因为偶尔才外出用餐，而更加享受高级餐厅的珍馐美馔。穷苦人家的孩子收到精致礼物，会比习惯于要什么就一定会得到什么的小屁孩更兴奋。有趣的是，我们几乎不曾听过类似的，但反向的、支持纵欲的论点——长期的奢华生活可以增强享受品质粗劣之事物的能力。不过，情况有时也会如此。人们享受露营；人们盖质朴的小木屋隐居所；人们在地方上的廉价饭馆大啖松饼与丰盛的早餐。不过，多数时候，反差的享受是不对称的：人们大多不倾向于由奢入俭，无论是面对床铺、乐团，还是面对啤酒、贝果。

这个观察让我们联想到心理学家称为"享乐适应"（hedonic adaptation）的现象。一般来说，人会日渐习惯生活境况的改变，无论是正面的还是负面的改变，而且倾向于回归到和改变发生之前相同的幸福程度。一个引人注目的研究是将半身不遂的意外受害者与彩票得主进行对照，观察这两个群体如何对新境况作出反应。尽管短期内的反应正如一般人所预期的那样，但不到一年后，彩票得主的幸福程度并没有比意外受害者来得高。两个群体都适应了他们的新境况，但彩票得主发现了越来越多始料未及的问题，像是各种不合理的期待，或遭到家族与友人的妒忌。意外受害者则得到意料之外的补偿，例如与身边的亲朋好友变得更亲密，而他们全都牺牲奉献，展现无可置疑的爱。"享乐适应"也可见于小事情。我们短暂享受轻薄光滑的新手机，没过多久它便沦为我们眼中理所当然的工具，和先前笨重的旧手机一样无趣。心理学家发现压抑爱好是强化愉悦的上上策：一个星期不碰巧克力的受试者，比起恣意馋食巧克力的另一群受试者，更加享受一片巧克力的美味。[44]

整体而言，这类适应似乎是好事：意味着多数人不会被后天的损失彻底击倒，就连意外导致伤残或失去挚爱都不能。这也支持了几乎每一派节俭智者反复提出的观念，也就是世俗成就无法创造幸福，因此我们不该过度投入。这也说明了为什么伊壁鸠鲁及其他人会认为过分沉溺于奢华、新鲜、变化或猎奇，将减弱我们从中感受愉悦的能力。不过，这不代表我们应该全面避免这些愉悦。奢华享受也许可有可无，但对多数人来说，偶尔尝鲜和做些改变是重要的愉悦来源。无论是吃的、听的、看的，还是读的、玩的和做的事，只要我们在这些享乐中增添一点变化，便不会因为已经习惯了以致兴趣寥寥。然而，避免过度着迷于追求新奇和变化也是明智之举。心理学家西蒙·拉哈姆在讨论饮食习惯时，主张"食物的变化，就好像香料，应该酌量谨慎地使用"，[45] 这个劝告可以延伸应用到其他愉悦的来源。旅行就是个好例子。有一群人一辈子摆脱不掉"漫游的渴望"（itchy feet），只要一在某处落脚就开始躁动不安。也有一些人，光是想到离开熟悉的环境就不由自主地焦虑，这种人大概为数不少。不过，对多数人而言，旅行的愉悦一部分源自遇到别于我们习以为常的事物；家所提供的熟悉感（譬如平时的家常便饭）是使新奇和变化显得突出且令人享受的必要背景。[46]

　　这一切听起来全都合情合理，实际上也大抵如此。可是，凡事总有例外，有两个问题值得一提。第一个是认为不习于奢华的人应该最能够享受奢华。这个观念的问题出在，有些好东西应该是经常接触的鉴赏家才最懂得欣赏，而不是那些几乎从不接触的人。加布里埃尔·阿克谢改编自伊萨克·迪内森短篇故事的电影《芭比的盛宴》，有一幕很贴切地呈现了这个对比。时间是1871年巴黎公社发生暴力镇压后，巴黎厨师芭比跑到丹麦北部日德兰半岛的海岸小荒村住下来。一群老耄的当地人恪守清教徒教规厉行节俭生活。当芭比获得一大笔意外之财，她把钱全拿来为收留她的一双年长姐妹及邻居们办场盛宴。宴席上来了一位意外的宾客——洛伦将军，他是餐桌上唯一见过世面、属于上流社会而且习惯奢华生活的人。在场客人个个对食物赞不绝口，当地人根深蒂固的对奢侈之恶的不信任态度，被整桌美食提供的感官享受一扫而空。然而，尽管他们清楚地感受到眼前盛宴与平日淡而无味的食物之间的落差，但唯有将军能够真正欣赏每道菜肴及佐餐酒的非同凡响之处。在偏僻小村庄吃到高水平美食的震惊，因桌上其他人——每道食物对他们而言都是全新体验——都不如他来得感动，而显得更有趣。他们知道这顿饭远比平日习惯吃的食物美味，但他们无从得知这顿饭比世上任何佳肴都美味。事实上，这顿饭简直是伟大艺术家的作品。《芭比的盛宴》于是为反清苦的思想学派提供了一些弹药，先是深刻描绘专心致志过清苦生活的小社群所过的枯燥生活，然后挑战习惯于锦衣玉食之人比较不懂得感激的观念。

　　不要经常享受美好事物，这个论点的第二个关键问题出在，普遍性不足以涵盖生活的各个方面。如果只看过一流的足球比赛，我们在看二流球队无聊地把球踢过来又踢过去，肯定不会太投入。如果只听过世界级的交响乐演奏，我们很可能无法全心沉醉于不够娴熟的业余表演（你家 11 岁宝贝孩子的双簧管独奏当然是例外）。没错，这是可能发生在鉴赏家身上的悲哀。一方面，能辨别不同水平的表演，意味着更有深度的赏析能力（理当是件好事），但另一方面也代表他欣赏任何并非最高档事物的能力有所欠缺。话虽如此，几乎没有人会主张定期阅读低俗小说，以便增进阅读优质文学时的乐趣，或看一堆无脑乏味的 B 级电影，只为更充分地欣赏难得的极品佳作。这个论点在其他领域——譬如科学或政治——就更站不住脚了。因此，拥有太多美好事物可能降低人们对该项事物的享受，不能被当作通则，即便能够成立，也无法为牺牲品质提供依据。这个论点或许是不要过分享用高级烹饪的好理由，却不是浪费时间看大量低级电影的好理由。

　　支持简约生活可以增进享乐能力的第二个主要论点是，简约生活鼓励我们参加与享受日常生活不断呈现在我们眼前的饶有趣味、美丽、奇妙和发人深省的非凡事物。诚如爱默生所言："近在身边的事物，并不会比遥远的事物不美丽和不奇妙……只要愿意探索就能察觉平凡的价值。"[47]爱默生把道理优雅地阐明了，但真正实践的人是他的朋友梭罗。《瓦尔登湖》颂扬平凡，也证明寻常事物被忽略的美好，可以为所有人提供唾手可得的深刻欢愉。

当然，这个观念对爱默生和梭罗来说一点也不独特，诚如我们探讨的多数观念，它最早也可追溯到上古时代。奥勒留认为"任何受自然感召之人——悟性较高——会发现愉悦俯拾即是"，从动物的下巴到"岁月在男人和女人身上所呈现的独特美"。[48]"就连自然的漫不经心都如此有魅力，如此吸引人。"他评论道，并以面包烘焙时顶部的裂口为例。[49]

在自然世界方面，歌咏寻常一直是文学和艺术的主要内容，起码自18世纪晚期浪漫主义到来之后便如此。华兹华斯写过三首各自独立的诗，来赞美一种常见的野花榕叶毛茛；画家凡·高从一双农民的靴子找到了美与意义；出自托马斯·哈代、罗伯特·弗罗斯特、伊丽莎白·毕肖普、威廉·卡洛斯·威廉姆斯、谢默斯·希尼等诗人的许多上乘之作，以最平凡的物品、活动或事件为题，从中找到值得欣赏之处，然后为文纪念：唱歌的画眉鸟、白雪覆盖的树木、一条鱼、冰凉的李子、一小块种薄荷的地。

当然，艺术家也颂扬非凡、奇异和盛大华丽。荷马对墨涅拉俄斯宫殿的辉煌赞不绝口；高更离乡背井到散发异国风情的大溪地寻求灵感；亨德尔为重大正式场合谱曲。引人注目的是，采黑莓——普拉斯、希尼和理查德·威尔伯等人知名诗作的主题——这么朴实的活动，似乎比世界最高楼的兴建、奥斯卡颁奖典礼、太空计划或 DNA 分子结构的发现更能鼓舞现代诗人，令他们感到更有趣且有意义。我们甚至可以说，艺术在今天无疑有帮助我们在寻常事物中看见非凡的功能。这是利用"拾得物"进行创作的艺术所达成的效果之一，例如杜尚的雕塑《自行车轮》。在这件作品中，一个自行车轮被安装在木脚凳上。使用批量生产的物品创作的商品艺术（Commodity art）；用垃圾创作的垃圾艺术；利用商标和标志的波普艺术——这一切证实万事万物皆具备美的潜力。在作品中使用"拾得声音"和环境噪音的音乐家和作曲家也传达类似教诲。

但简约生活不仅仅能鼓励对平凡事物的美学欣赏。古代哲学家也指出，从田野上方的星空到监狱牢房一角的蜘蛛网，自然世界到处都有值得仔细观察的丰富素材，并使生性好奇之人永不停止发问。此外，凝视自然不仅因为能使人愉悦而受到推荐，那还是不分阶级与财富都能获得的精神再生源泉，毕竟诚如塞内卡指出的，"能抬眼凝望天空的地方都一样好"[50]——这种态度帮助他得以面对流放到科西嘉岛的不幸岁月。同样的，我们不该假设此处提出的关联——简约生活和更懂得欣赏平凡事物或自然奇景之间的关联——是普遍现象，或必然发生的事。但乍看之下，主张越少受到奇异和奢侈事物的分心，就越能够欣赏平凡事物或自然奇景，是合理的。

节俭促进自给自足和独立

这又是一个明显横跨道德和自利价值的论点。从伊壁鸠鲁到梭罗，节俭智者们异口同声地赞扬自给自足，前者形容自给自足是"财富之最"[51]，后者在瓦尔登湖的暂居就是对自给自足价值的实验性展示。可是自给自足究竟为何被认为能够增进福祉？

我们在前文提过，简朴拥护者眼中的自给自足概念可分成两大类：不过度仰赖另一个人的宠爱或好印象，以及自己动手做事，不要事事都靠别人的服务或是靠科技。当古典思想家如伊壁鸠鲁和塞内卡赞扬自给自足时，他们心里想的主要不是像鲁滨孙那种凡事都靠自己双手打造的自给自足；毕竟，他们当中有些人是有仆役和奴隶的。更确切地说，他们认为自给自足最重要的是意味着不仰赖另一人的赞助。想要实现自给自足，首先当然可以是像塞内卡或奥勒留那样，本身就拥有财富或权力，但更踏实的方式是以苏格拉底和第欧根尼为榜样，不去在乎赞助者承诺的物质好处。

个人赞助在今天的社会运作中或许已不如过去重要，但任何觉得要对老板逢迎拍马的员工，或是希望从老师手中拿到好推荐信的学生，都能立刻理解拿人手短的缺点。念研究生时，我知道有一位知名教授要求接受他论文指导的学生们，在他开家庭派对时提供饮料和点心。我确信每位同意担任临时无薪用人的学生都知道，其事业前景高度取决于这位教授日后为他们写的推荐信。

仰赖他人照顾者不可避免地会对赞助人如何看待自己感到焦虑。这个焦虑本身是讨厌的，而且使他们变得束手束脚或言不由衷。最终，焦虑可能影响——说污染都不为过——他们的想法。诚如厄普顿·辛克莱的名言："你永远无法叫醒一个装睡的人。(It is difficult to get a man understand something, when his salary depends on his not understanding it.)" [52] 因此当伊壁鸠鲁说"自给自足最甜美的果实是自由"时，他心里想的主要是不受这类限制或无须承受这种焦虑的自由，他认为这不仅有助于实现道德正直，也是内心宁静的必要条件。

　　对自给自足的道德赞同持续到今天，不过形式上有了变化。在过去，上层阶级把多数劳动视为有失尊严；不用为生活而工作，不用卷起袖子干活，是上流社会地位的标志。资本主义带来了最终影响社会多数阶层的工作伦理，而平等主义观点的崛起提倡了对劳动的新态度。上流社会阶层的成员可借由从事过去被认为不符合其身份地位的活动——想象丘吉尔若把砌砖当兴趣——以及减少对仆人的依赖，展示他们的开明态度，这是在雇用仆人变得难以负担后出现的态度变化。过去一个世纪，类似变化也发生在男女劳动分工方面。女性如今普遍被期待与鼓励外出工作以实现经济独立；过去男人做"女人家的工作"会受嘲弄，但今天他们如果不愿意从事采买、煮饭、打扫、换尿布等工作，可能会失去他人的尊重。自给自足大抵仍被视为一项美德，过度仰赖他人则是一项缺点，但对今天的许多人而言，自给自足最重要的形式倒不一定是拥有特定实用技术，而是能在财务上自给。后者的概念包括以就业所得养活自己，多数人是如此实现财务自给的。在今天，"白手起家"的个人会得到喝彩，而不是像过去那样因为其"新贵"身份而遭鄙视。相较之下，今日社会最看不起的人，就是那些被认为最不懂得自力更生的人，譬如依靠社会福利度日的所谓"不务正业者"或"乞丐"。这些人受到的谴责往往太过严厉，但他们普遍遭受鄙夷的道德眼光这项事实倒是值得关注。

这些讨论和福祉有关，因为诚如我们提过的，自尊是幸福的要素；若一个人觉得对他人的依赖超过合理程度，这将有损其自尊。这是非自愿失业和忧郁高度相关的原因之一。不过，值得一提的是，一个人的自尊和他的自我认知是否正确并不一定相关。含着金汤匙出生却觉得一切荣华富贵都是自己靠实力得来的幸运家伙，或许永远不会因质疑自己取得独立自主的方式而烦心。让自我认知与他人评价脱钩，需要非常独立的思维和很有主见的个性。对多数人而言，社会对我们和我们处境的重视程度，大抵决定性地影响了我们对自己的观感。在这方面，财务的自给自足概念尤其有问题。人们在应用财务自给自足概念时，往往前后矛盾且带有偏见，在某种程度上，这也直接地反映了普遍的假设和价值。部分退休公仆享有丰厚退休金被视为光荣的、应得的，而长期失业者或残疾人士从国库得到的微薄津贴却被许多人视为耻辱的象征。多数穷人痛恨靠慈善救济过活，但接受遗产和信托基金等不劳而获的人，却鲜少被类似的自惭形秽所折磨。

自己动手做——上述提到的第二种自给自足——在道德上也备受赞誉。能干的人到哪都受欢迎：他们更有能力协助他人，而且比较不需要帮助。然而，自给自足的当代拥护者倾向于强调这么做对自己的好处胜过对他人的用处。种植蔬菜、制作腌制食品、缝制衣服、制作家具、进行 DIY 居家改造、装饰房间等，成为很多人喜爱的娱乐消遣，样样都有自己专属的杂志和教学网站。

这类满足感在现代以前并未获得太多重视：如果一个人能花钱请人完成不得不做的差事，他自然会花钱了事。当身为贵族的托尔斯泰在 19 世纪中叶与佃农在田里并肩工作，世人认为他非常古怪。可是，今天若有个有钱的 CEO 周末在蔬菜田里翻土、亲手造船，或准备烧烤，似乎完全不会引人议论。的确，当今的富裕社会阶层与不久前的富裕社会阶层之间的重大差别在于平日惯常的差事。仔细想想就会觉得不可思议，一百年前的专业人士或有闲阶级几乎不曾从事煮饭、洗衣、洗碗盘、换尿布、种花和刷油漆等日常事务。即便今天根深蒂固的性别分工持续限制着许多人的发展，但过去半个世纪发生在这个领域的社会变化仍相当可观。

自力更生的拥护者无疑有点道理：自己动手做事可为人带来极大满足。除了沉浸在任务中的单纯愉悦，即获得心理学家米哈里·契克森米哈赖所谓的"心流"（flow）[53]，人们也从展现技能与完成任务中得到满足，进而产生更强烈且令人愉悦的独立感。相比之下，依赖感很容易滋生诸如孤立与愤慨的负面情绪。关于依赖模式最著名的哲学讨论之一出自黑格尔的《精神现象学》，他对主仆关系的分析显示了人与人的依赖模式可能变得多么复杂。在黑格尔的叙事中，奴隶对其主人（选择把手下败将变成奴隶，而不是取其性命）最初的依赖是全面的。可是依赖的平衡会随时间逐渐变化。奴隶从事的工作使他能够接触自然；然后当他在实务工作上的能力越来越强，他的工作变成了自我表达的一种形式。相比之下，主人和自然疏离，失去自我表达的手段，而且变得越来越依赖奴隶。黑格尔的描述极为抽象，却暗示并含蓄地支持了自给自足和有趣工作使人心满意足的现代观点。

然而，另一种截然不同的辩证关系在我们与科技的关系中展露无遗。一方面，节省劳力的科技普及，意味着我们今天可以自己做很多过去要花钱请人做的事。现在还有谁会把脏衣服送给洗衣女工？有多少作家会雇人把手稿转录成电子文档？人们买吹雪机自己清理车道，买除草机自己修整草坪。对现代人而言，打印照片、订购机票、报税等差事都变得越来越容易。因此,我们在很大程度上已经更自食其力。另一方面,我们也变得史无前例地依赖支撑这类自食其力的科技。我们对他人的直接依赖转移成对科技的依赖,因此,自然间接地依赖起生产科技与提供科技服务的人。电脑化科技同步增强了两个相对立的倾向。

摄影是个不错的例子。在数码相机的时代到来以前,热衷投入的业余摄影师在暗房内用药剂冲洗底片,增添特殊效果,对制作过程有基本的认识。其他人则是把底片交给专业相馆冲洗。今天每个人都能拿笔记本电脑里的数码照片胡乱创作一通。就这点来看,我们正把过去交付他人的差事拿回来自己做。尽管这个全新形态的自给自足无疑赋予人施展技术的满足,但仅在特定条件下才能赋予人独立的满足感,因为这件事高度仰赖多数人一窍不通的既有复杂科技。话虽如此,正因省力的科技减少了投入家务的时间和劳力,平凡工作也可能充满趣味这样的新想法,才得以在不一定需要从事家务的人心中萌芽。举例来说,比起仅有几只焦黑锅子、一个需要时时留心的烤箱,以及些许当令食材,在现代厨房做饭整体而言更简单也更充满乐趣。

不消说,自给自足的拥护者也指出,除了本质上令人开心,自己动手做事还能帮你省钱,让你减少花在赚钱上的时间。这是支持自给自足更进一步的自利论点，也是每个致力于节俭生活之人都深受吸引的论点。这个论点多数时候显然是可靠的。因为日积月累下来，人们会花费大笔钱在其实可以凭一己之力或和一群人合作的事情上：下馆子吃晚餐、中午买三明治、剪头发、家庭清洁、整理草坪、种蔬菜、做面包、织围巾、换机油等。节俭狂人总是不忘留意生活中一切省钱的方法。[54] 不过，我们也不得不承认，今天有太多商品和服务是如此廉价，若以工时成本来计算，自己动手做的经济效益往往远不及过去。一座不大不小的蔬菜园每个夏天可以产出市值几百美元的食物。但是添购种子、工具、肥料、驱虫剂、支架、围栏等园艺用品的成本很容易就和产值不相上下。衣服也是一样。此外，经济学家会主张我们应该把投入这些计划的时间也纳入考虑——其价值等于你放弃的可能收入——在这一情况下，真正能省下的钱将大幅减少。如果我自己换机油省下 10 美元，但过程花了半个小时，而我从事其他工作若每小时能赚 20 美元，自己动手完成这件差事其实并没有帮我节省一分一毫。

简约生活使人亲近自然而且变得自然

我们在第一章提过，顺应自然的生活和亲近自然，是节俭朴实生活观念的众多含义之一。简约生活的拥护者向来宣扬与自然频繁互动的益处，但究竟有哪些益处呢？

根据斯多葛学派，生活简朴之人不仅住得靠近大自然，他们也一般过着，或起码渴望过着与自然和谐共处的生活。他们对美好生活的理解，是强调与世界的自然秩序合一，而不是惧怕、抗拒或抱怨这个秩序。类似观念散见于不同宗教，尤其是道教和佛教，以及近期提倡简朴的一些个人。这个与自然和谐共处的渴望化为许多不同形式的实际表现：偏好用自然素材制作的艺术品；栽种或购买有机农产品；在家生产而不是到医院；选择哺乳；不穿衣服［国际天然主义联盟将天然主义（naturism）定义为"与自然和谐共处的一种生活方式，以社交裸体为表达手段"］。[55]试图减少"生态足迹"① 的环境主义概念也可被视为系出同源。

和自然和谐共处被认定在本质上好过其他选择。自然意识及对自然的注重，也被视为理解自然世界的先决条件。和自然和谐共处本身就有价值，同时也能为人带来许多好处。伊壁鸠鲁提出一个有

---

① 生态足迹（ecological footprint）指的是人类对自然的需求，是一种测量人类对地球生态系统造成多大冲击的方法，并说明人类的经济体对自然资本的依赖程度。

趣的论点, 宣称理解自然现象能将我们从迷信与神话所散布的恐惧中解放——早早就预警了日后科学与宗教的漫长冲突。就一般意义来说, 事实证明他是对的: 人类对神、食尸鬼、鬼魂、妖怪等超自然存在的恐惧, 随着对自然的科学认知增进而减弱。但造成这效果的主要是对自然的科学研究, 而不是亲近自然的简约生活, 或享受自然的简约生活。的确, 各式各样的迷信传统上对农村社区影响较深, 因此声称从迷信的恐惧中解放出来是简单、自然的生活所带来的结果有点牵强。海德格尔等哲学家甚至论称我们对世界的科学认知(本质上是为了主宰和控制), 是破坏了人类与自然之间的关系才换来的, 用华兹华斯的话来说: "为了解剖, 我们不惜谋害生命。"

另一个古老论点至今仍具意义, 那就是欣赏和研究自然的愉悦, 无论贫富贵贱, 几乎人人都能轻易取得。这个考虑也为伊壁鸠鲁提出的另一个更微妙的论点提供了基础: 研究自然使我们更快乐, 我们可以因此远离和他人比较的嫉妒、愤恨和不满。之所以有这样的作用, 是因为这么做促使我们"不是以生活处境而是以心智的富裕"为荣。[56] 此处的观念是, 能轻而易举得到的愉悦具有一种好的均衡作用。面海别墅也许只有富人能拥有, 但绝大多数自然的面貌——树木、野花、鸟、昆虫、沙滩、河川、山脉、星辰——对所有人开放。在阿尔贝·加缪的《局外人》最常被引用的段落中，默尔索在监狱沉思着，他愿意只是通过空心树干仰望云朵和鸟从头上掠过，而没有别的要求。他的思绪不仅表现了自然之乐的容易取得和人人皆可享用，也凸显了自然之乐的取之不尽、用之不竭。

自然世界的乐趣可能既非放诸四海皆准，也不一定和致力于节俭或简朴有关。有些都市节俭狂人最大的享受来自"垃圾桶潜水"（dumpster diving）、捡垃圾、到二手店寻宝。但不懂得欣赏自然的人往往被认为是古怪的。而且多数提倡简朴的人无疑认为，与自然的联系乃生理与心理健康之必需。人们从这个联系中得到的益处无法被简化为对自然之美的单纯享受。我们与自然有更深层的联结，我们会认为自然是美丽的，本就是个迹象。哪怕看似荒凉、危险或混乱的地貌——沙漠、汪洋、灌木丛或疾风荒野——都是赏心悦目的。一般来说，自然令人心旷神怡。一旦远离自然，很多人开始渴望自然的景色、声响和气味，渴望新鲜空气、绿意、鸟叫、流水、泥土味和开阔的天空。

诚如在第一章提到的，梭罗特别擅长揭露我们与自然世界的联系，甚至具有超越享受自然之美的价值。对他而言，浸淫在自然之中，使他在这个世界有归属感。他甚至宣称，靠近自然比起靠近人类社会，对他更重要。

> 就在滴滴答答的雨声中，我突然意识到自然提供的陪伴是如此美妙与仁慈，在我屋子四周的每个声响和景色里，无穷无尽无从解释的友爱一瞬间像空气般将我支撑，把我幻想有人为邻的念头变得微不足道，此后这个念头就没再兴起过。每支细小的松针都同情地厚实起来，和我做朋友。我毫无疑问地感受到这里存在我的同类，就连在我们习惯称为荒凉阴沉的景色中也不例外，而且我无疑感受到和我血缘最相近的、最富有人性的，不是某个人，也不是某个村民，于是我心想，今后再也不会有任何地方令我感到陌生了。[57]

人与自然世界的联结非常重要，这样的看法促成了"亲生命假说"（biophilia hypothesis）的兴起。这些新近的省思先是由艾瑞克·弗洛姆提出，而后被 E.O. 威尔逊在 1984 年的著作《论人的天性》中加以发扬。此书表示，人类拥有与其他生命形式接触的深层冲动。[58] 这个概念在某些人看来可能不够踏实，但有大量经验证据支持人类受益于与自然环境接近，而且容易受到理查德·洛夫所谓的"自然缺失症"（nature-deficit disorder）的影响。[59] 手术后的病患如果住在可看见绿色植物的靠窗病床，他所感受到的疼痛会较轻，恢复的速度也相对快。自然光线能提升阿尔茨海默病患者的认知表现。2009 年荷兰的一项研究参考了 34.5 万份医疗记录，推断和绿色植物住得越近的人越不受焦虑和忧郁所苦。英国境内有项研究显示，即便只是 5 分钟的"绿色运动"（green exercise），像是到公园散步，而不是在跑步机上跑步，都能改善一个人的心情。[60] 有鉴于图书馆充斥着以不同方式描绘、颂扬、赞美或感激自然的书籍，这些发现一点也不令人意外。对很多人而言，不能与自然定期交流的生活是极为贫乏的。[61] 选择简约生活是减少这种疏离可能性的方式之一。

简约生活促进健康

这是个直截了当的自利论点，有一部分已在先前的某些论点中谈过。某种程度上，人们基于刻板的联想而认定这是合理、可信的。如果对比一下住在乡下呼吸新鲜空气、每天充分运动、吃自家栽种的新鲜蔬果、日出而作日落而息的生活，和住在城市被噪声和脏空气包围、每天在繁忙街道或拥挤人群中疲累通勤、吃不健康零食、结束一天汲汲营营的竞争、回家瘫倒在沙发吃冷冻快餐的生活，我们不用多想就知道哪种生活比较健康，无论是精神上还是身体上的。从历史的角度来看，这样的刻板印象是有点根据的。自古以来，城市往往被视为恶臭、疾病肆虐、危险的地方而遭到嫌弃。逃到田园隐居所向来是从维吉尔到叶芝等历代诗人的梦想。

另外，几个世纪以来，无论城市多么拥挤、脏乱又危险，人们还是不断从乡下移动到城市，直到今天，在世界上许多地方仍是如此，因为农村地区的贫穷使人失去希望、难以忍受。城市通常对绝望之人提供较多的支持，也为能够工作的人提供较多机会。今天的城市，特别是在经济繁荣的国家，普遍比历史上任何时候更干净且更安全，并提供琳琅满目的食品杂货店、最先进的医疗服务，以及有用的互助小组等各式增进健康的途径。都市生活的各种难题，包括都市一般提供的工作类型，确实充满压力，有研究显示美国的农村人口比较没有压力。但也有研究指出在许多其他方面，像是预期寿命、肥胖、高血压情况，以及糖尿病、中风与心脏病发生率，美国的农村居民比起城市或市郊的居民更不健康。[62] 因此，尽管简约生活的许多方面和健康且较没压力的生活方式有点相关，但两者之间的关系是松散的。简朴有时是因为贫穷而不得不做出的选择，外加蒙昧无知；那些过着舒适奢华生活的人，可能受益于有能力负担高级食物和健身房会员费。

★ ★ ★

　　我们在这章探讨了哲学家认为克勤克俭和简单的生活方式将创造幸福的一些主要理由。每个论点都有其优点，但在某些情况中，当我们仔细检视，就会发现这些论点涉及了实际上颇为复杂的概念，或是具有超过单一层面意义的概念。举例来说，基本必需品、自给自足和闲暇等概念都有这样的问题。承认这点，自然会使我们对论点的评估变得复杂。

　　到目前为止所讨论的关键概念，像是简朴、节俭、基本需求、简单愉悦、闲暇、宁静、自给自足、自然的生活等，同属一个"大家庭"，彼此重叠，很多时候是相通的。但每个"家庭"都不免有内部的冲突和摩擦。若以为关于简朴或节俭的律令或建议，必然支持或符合其他律令或建议，那就太过天真了。兹举一例，有些时候比较自然的东西不一定是比较节省的选项。有机食物普遍来说比非有机食物昂贵；比起人工替代品，天然材质如羊毛、木头或钻石通常更加所费不赀。遇到这种情况时，我们的选择会透露我们所重视的价值。

在检阅支持简朴的自利论点时，我们清楚地看见了某些论点的假设是可以合理地给予挑战的，又或者所诉诸的价值并非放诸四海皆准。有些人不在乎寻求平静。有些人认为满足于简单愉悦的人生既无聊又没抱负。有些人主张简约生活可能导致一个人不懂得享受更有深度的愉悦。我们将在接下来的两章更周密地逐一审视这些另类的观点。

第四章　为什么简朴的哲学难以推销？

> 金钱是唯一永远不足够的东西，原因很简
> 单，因为"足够"这个概念用在金钱上不符合
> 逻辑。
>
> ——罗伯特·斯基德尔斯基与爱德华·斯
> 基德尔斯基，《金钱与好的生活》

让我们总结前几章的要旨。许多代表不同传统与学派的哲学家都赞扬节俭与简约生活。他们一般认为节俭与简约生活本质是高尚的，认为这么做能培养德行，认为这种生活通常和其他优点有关，而且能领人走向幸福。支持节俭和简朴的主要论点往往和批评其反面（也就是铺张与奢华）的论点携手并进。财富本身经常被人质疑，因为它很容易鼓励聚敛，滋生占有欲（possessiveness）以及其他体现着错误价值的倾向。部分节俭智者甚至把对财富的怀疑延伸到一般私人财产上。

主张所有重要哲学家对此都持相同见解肯定是有失公允的，有些哲学家对奢华抱有相对的好感，像是亚里士多德、休谟和伏尔泰。不过，被我称为"节俭哲学"的总体观点无疑是一个重要的传统，

而且拥有许多权威人士的背书。举例来说，在最权威的哲学文献柏拉图的《理想国》中，苏格拉底被要求描述他心中的理想城市，他说在这个社会里，一旦生活的基本必需获得满足，公民们便可以把时间花在参与哲学对话与享受其他简单愉悦之上。但他所勾勒的这个城市立刻被对话者贴上"猪的城市"（city of pigs）这个标签。[1] 苏格拉底接着说，一个城市要是有了哲学监护人、常备军队、严密的审查制度，以及复杂的养育安排，那么这个城市就是"发烧了"。①

哲学家如此支持某一阵营且对另一阵营大肆挞伐，是相当有趣的现象。这个现象也有点出人意料，因为很多人显然都渴望致富、乐意纵情挥霍，而且非常享受奢华。由于很多哲学家都是某种程度上的道德学家，希望教化芸芸众生，因此专注于他们认为人类最普遍的缺点大概也是理所当然。另一个可能是，在赞扬各种苦修形式的过程中，他们本能地辨认出对哲学爱好者有利的价值和生活形式，

---

① 在这段对话中，与苏格拉底对话的人是格劳孔。他会认为苏格拉底的理想城市是"猪的城市"，原因在于人性总是尽可能地想要更多。苏格拉底认为只要满足基本必需，这样的城市就是健康有活力的（所以他接下来才会描述一个奢侈的城市是"发烧了"），而格劳孔则认为如此一来人们就只能"食之无味"，跟猪只能吃粗糠一样。

尼采如是主张。或许哲学家普遍不具备享受奢华、挥霍、奇遇和冒险的个性。但古圣先贤教诲和凡夫俗子行为之间的落差，倒是令人不禁纳闷：为什么古今东西宣扬节俭和简朴的人，未能更有效地说服其他人在生活中实现这些价值呢？

我们固然不应夸大其成效不彰，毕竟有数百万人在理论上拥抱节俭朴实的价值，其中又有为数可观的一群人将这些价值付于实践。可即便如此，倘若被传送到21世纪，苏格拉底、塞内卡和其他节俭智者也显然不会认为他们的反物质主义理念大获全胜；第欧根尼会觉得这世界毫无理智；莫尔会觉得我们离乌托邦越来越远；梭罗可能会更严厉地批判消费社会把"平静的绝望"（quiet desperation）灌注到人们体内。在现代世界，人们比过往的任何时候都更喜欢赚钱，更向往被昔日世代认为豪奢的生活，而且更愿意（也更有能力）过着入不敷出的生活，以纵容他们当下的欲望。

举例来说，根据皮尤研究中心的调查，在2007年，64% 18~24岁的美国人表示，变成有钱人是他们人生最大的目标。[2] 2012年的盖洛普民调显示，想要变成富翁的美国人，占比也是64%，这大概是2010年美国彩票总营收达580亿美元的原因之一。[3] 一份1999年的盖洛普民调显示，57%的美国成人曾在过去 12 个月内买过彩票。[4]（不用说，几乎所有类型的节俭狂人都认为花在彩票的每一块钱都是浪费钱。）有梦最美。回到现实世界里，很多美国人过着入不敷出的生活。2012 年 7 月，美国的循环信用卡债总额是 7930 亿美元，而且 56% 的信用卡持有人手上还有之前 12 个月尚未付清的欠款。[5]这种情况又因 2008 年起的经济衰退雪上加霜。很明显，并非所有信用卡债都是铺张挥霍的后果：对某些人而言，信用卡可能是避免流落街头、保住饭碗或支付医疗账单的唯一办法。但很大一部分绝对是来自不愿延迟对不必要渴望之满足，外加某种程度上的财务管理不善，这些都是商品与信用卡经销商孜孜不倦地加以鼓励并大力强化的倾向。诚如报纸专栏作家厄尔·威尔逊所言："今天社会上有三种人：富人、穷人，以及买了东西但还没付钱的人。"

这景象不仅限于美国。在英国，2012 年 2 月的信用卡债总额达到 580 亿英镑（约合 890 亿美元），其中三分之二的欠款是要付利息的。[6]到了 2012 年底，尚未偿还的透支债务为 430 亿英镑。渴望得到远远超越满足生活基本需要的巨大财富，不是只存在于，也不是主要存在于资本主义社会。因苏联解体出售国有财产而诞生的富商巨贾，提供了无数古今东西前所未见的挥霍实例。

就算我们把过于浮夸的铺张浪费的实例，以及证明聚敛财富或乱花钱现象泛滥的统计数据暂时摆到一旁，今天多数人实际或渴望的生活方式与消费习惯，也明显和节俭智者与简朴拥护者的忠告相抵触，而且越是富裕的社会越是如此。很多人为了赚更多钱或发展事业，过着充满压力的复杂生活。我们当中经济能力许可的人，还有很多即便经济能力不许可的人，都会经常购买各式各样不必要的小工具和器具，只是为了消除微不足道的不舒适或节省些微力气（像是吹叶机、电子开罐器、面包机）。我们很快就变得无可救药地依赖那些小工具（像是智能型手机或导航工具）；我们很容易就厌倦了简单愉悦（我们这里的地方报纸有双面满版的周末活动与旅游景点介绍，标题就叫作"无聊克星"）；我们对品尝新食物或出国度假这样的新奇体验非常珍视且引以为傲；我们乐于接受浸淫在奢华享受中的可能性（看看饭店和度假村的广告就知道）；我们允许自己想要最小化任何不适，或尽可能减少未满足的渴望，以致我们被推得离自然越来越远，譬如成天待在人为控温的环境里，饮食既不在地也不当令，自然体验基本上只局限于从电视荧幕或透过车窗看见的画面。总而言之，我们的文化似乎离简朴拥护者心目中的理想非常遥远。

为什么有这么多人无视古圣先贤的共识呢？答案很简单，引用塞缪尔·贝克特笔下的角色所说的台词，就是"人是无知透顶的猿猴"。① 他们不知道什么对自己最好，因为他们不能够或不愿意用心思考人生在世所为何来。事实上，许多节俭智者也是这么说的。在《高尔吉亚篇》和《理想国》的对话中，柏拉图辩称一心争权逐利的人完全误解了快乐的真谛。耶稣也说了相同的话，有些人太关心在"虫蛀锈蚀"的地上积攒属于自己的金银财宝，以致进不了天堂（亦即他们所追寻的幸福）。古今的佛教徒、犬儒学派、伊壁鸠鲁学派和斯多葛学派反复申述：人们之所以避开简朴，是因为对一己之幸福抱有错误观念。

无知猿猴的假说还有另一种解读，即主张人们都是伪善的。我们听人说贪财如命、觊觎邻居美色、铺张浪费和沉湎于奢华享受是误入歧途时，都会严肃地点头赞同，说"阿门"，但随后又转身去追逐财富，刷信用卡取得不必要的奢侈品。道德说教文学里有很多例子，从乔叟《坎特伯雷故事集》

① 这句话出现在《等待戈多》第一幕，弗拉季米尔跟爱斯特拉冈提到，和耶稣同时钉上十字架的还有两个贼，其中一人后来获救，但四大福音书中只有一部这么说。爱斯特拉冈问说，谁会相信他的话？弗拉季米尔回答，每个人呀，那就是他们知道的唯一版本啊。然后爱斯特拉冈就说，人是无知透顶的猿猴。

中的隐士和修士，到夏洛蒂·勃朗特《简·爱》中的校长洛克赫斯特先生，不一而足（后者一边大肆吹捧简朴对女学生的好处，一边却提供给自己和家人各种奢侈享受）。真实生活中的例子也比比皆是，从相信耶稣至高无上，却不假思索地拒绝耶稣对金钱和财产之教诲的基督徒，到一边崇拜节俭智者，一边却大量兼课以赚取费用到异国过暑假的哲学教授。

然而，拿无知和伪善的假说来解释古圣先贤的智慧为什么不受欢迎，有一个共同弱点：两者都完全假定了支持节俭朴实的论点坚若磐石，两者也都忽视了世上可能有人是严肃地反对节俭哲学的，而且他们反对简朴价值的理由可能非常合情合理。现在我们就来看看这个可能性。

节俭的危险

选择任何围绕着某一原则而展开的特定生活方式，其危险在于遵循规则的习惯将变得难以动摇。这种习惯很容易会变成夸张的人格特征，甚至沦为一种恶习，使人无法顺应形势的变化，无论你投入的是节俭还是其他原则。以下是节俭狂热特别值得一提的四个危险。

一是唯利是图。时时费心注意花了多少钱、锱铢必较、计算单位价格、查看折扣、寻找便宜货、搜寻"跳楼"拍卖，诸如此类的习惯可能使人变得过分在意金钱，在某种程度上本末倒置。阿里斯提波是少数支持反节俭价值的哲学家之一，和柏拉图生活在同时代的他喜欢强调这点。某次有位晚宴宾客批评他花太多钱在昂贵食物上。"只要三块奥波勒斯（古希腊小银币），你不会买吗？"阿里斯提波问道。他的朋友承认，如果只要三块奥波勒斯，他就会买。阿里斯提波巧妙地翻转形势说道，假若如此，"这不是我贪图享受，而是你喜欢钱"。[7] 此处的重点再简单不过：节俭的人可能不赞同与财富有关的物质价值，但慷慨大方和舍得花钱才是真正地对金钱不在乎。另外，节省的习惯可能使人无法享受生活中的美好事物，最坏的情况下，可能使人变得吝啬，这项缺点的糟糕程度和恣意挥霍不相上下。在但丁的《神曲·地狱篇》中，守财奴和挥霍者一起住在地狱的第四层。

柏拉图曾描述节俭的生活可能引发贪婪。在《理想国》里为不同的性格类型与治理形式配对时，他以欲望（appetitive）、激情（spirited）与理智（rational）"灵魂三分类"为基础，想象破产的富人之子会对自己的处境做何回应。

他因贫穷而转向挣钱，一点一滴，节省苦干以敛聚财富。你不认为这样的人会把欲望和爱财原则奉为神圣，尊为心中的帝王，饰之以黄金冠冕，佩之以波斯宝刀吗？……理智和激情将坐在欲望的脚跟左右，被迫折节为奴。理智只被允许计算和研究如何把小钱变大钱。激情也只被允许崇尚和赞美财富与富人，只以致富和致富之道为努力的目标。[8]

二是所谓"沉没成本"的谬误。心理学家丹尼尔·卡内曼和阿莫斯·特沃斯基在20世纪70年代所做的研究结论是，对多数人而言，避免失去是比寻求获得更强大的动机。此后很多心理学家跟随他们的脚步，开始研究"损失厌恶"（loss aversion）的现象。哈尔·阿克斯和凯瑟琳·布鲁默的研究非常具有代表性且发人深省。研究要求参与者想象他们买了两张不能退款的门票，一张是到密歇根州的百元滑雪行门票，一张是到威斯康星州的五十元滑雪行门票。接着他们被告知两个行程撞期，因此他们必须二选一。虽然他们事前都得到威斯康星州行程比较好的资讯，多数研究参与者还是选择使用密歇根州的门票。他们显然把门票的"沉没成本"纳入考虑，而不是单纯根据哪个选择能产生最大的未来愉悦来做决定，但"沉没成本"从理性、实用的角度来看似乎无关紧要。[9] 阿克斯和布鲁默主张这个偏好是基于对浪费的反感，这当然也是节俭狂人的典型特征。由此可以想象，对节俭度日的持续关切会使人更容易受到沉没成本谬误的影响，起码在遇到涉及金钱的情况时是如此。

三是不慷慨。在前面的章节里，我们看到节俭经常使人联想到其他道德德行，以及许多好的特质。然而，不要忘记在我们的名词表上，和节俭有关的概念还包括许多明显负面的含义，像是"鄙吝的"（parsimonious）、"气量狭隘的"（illiberal）、"小气的"（stingy）、"一毛不拔的"（closefisted）和"不大方的"（ungenerous）。这指出了节俭所包含的真实危险：培养避免浪费与不必要开支的习惯，很容易导致一个人变成习惯性的不慷慨。[10] 人们普遍把不慷慨视为一种道德缺点，这么想是可以理解的。亚里士多德谴责不慷慨，认为这是在道德光谱上与浪费遥遥相对的另一个极端，明智的慷慨大度是夹在两者间的中庸之道。[11] 此外，众多证据显示只要没有沦为挥霍，天性慷慨的人比起一毛不拔的铁公鸡更快乐。这大概是因为他们的人际关系会更融洽。还有一个原因是，就像表现感激之情，给予本身往往会改善人的整体心情。[12]

四是停滞不前。致力于节俭自然而然促使人进入一个简单的生活方式，而简朴被称颂为通往心灵平静之道，同时因为能促进人们对小事和当下心怀感激而为人称道。不过，在某些情况下，这样的生活显然也意味着无精打采、逃避现实、胸无大志，以及拒绝尝试、冒险或任何迫使人离开舒适圈的事。对伊壁鸠鲁观点的标准批评认为，简朴鼓励清静无为和逃避现实。伊凡·冈察洛夫的小说《奥勃洛莫夫》刻画了一位把这些倾向发展至极端的人物：在小说前几章的情节发展中，读者仅仅看到奥勃洛莫夫设法从床铺移动到沙发。奥勃洛莫夫有一些讨喜的特质，包括懂得享受简单愉悦，但他的情况提醒了我们：简约生活有很多不同方式，诚如前文讨论过的，而某些方式可能使人不知不觉地在知识、社会、道德甚至身体上停滞不前，或沦为不图长进的一个借口。

类似论点也可套用在社会上。如果人类对最低限度的必需品心满意足，我们永远不会有任何社会的、物质或艺术的进展。人类为自己创造多余的需要，驱动着也伴随着各式各样的进步。伏尔泰看出了这个关联，他是少数对奢侈充满热情的哲学家之一。

剪刀被发明时，顶多是追溯至上古晚期，当时的社会难道不是对剪指甲的人指指点点，对那些稍微修剪前额头发的人说三道四？这些人可能被称为花花公子和纨绔子弟，他们购买昂贵的无用工具，破坏造物者的杰作。削短上帝在我们手指尾端创造的尖角真是罪不可赦！是对神性的侮辱！短裤和袜子被发明时更糟。众人皆知那些老政务委员气得七窍生烟，他们从不穿短裤和袜子，而且对着穿这种邪恶华服的年轻地方官疾声抗议。[13]

在伏尔泰看来，想要奢侈品、生产奢侈品和享受奢侈品，亦即那些并非绝对必需的东西，不过是伴随着社会进步而自然产生的现象，既是因，也是果。[14]那些和卢梭有同样想法的人，认为远离自然状态一步，就等于远离真正的幸福一步，很可能是希望人类能倒退回猿人的状态。

财富的吸引力

若把哲学家、道德学家和古谚格言警告世人重视财富胜过责任、美德、正义、友谊、爱、美、智慧或真理等人生其他更重要事物乃愚蠢至极的至理名言集中起来，大概可以填满一整本书——甚至可能不止一本。即便如此，炫富行为在历史上总是引来众多羡慕眼光。荷马喜欢描述金碧辉煌的华丽宫殿。[15]《圣经》强调所罗门王的伟大，他的"财宝与智慧胜过天下的列王"，并巨细靡遗地交代他如何填满藏宝屋，以及把财富花在何处。[16] 马可·波罗毫无保留地赞叹忽必烈的宫殿"之大、之富、之美，世间无敌"。[17] 面对大汗在宫廷上的风范、奢华的餐桌摆设，以及庆典上食物的数量，他也叹为观止。在这些情况下，部分赞叹是针对场面的美丽或壮观，部分则是针对场面象征的权力。不过，赞叹在某种程度上也是受到打造这般盛大奇景所需投入的金钱与劳力所激发，甚至是受到其所代表的挥霍铺张所激发。我们稍后会回来讨论这点。

当然啦，提倡节俭生活和把财富大抵视为好事，两者并不冲突：稳定地累积财富可以是驱使人厉行节俭的目标之一。即便《箴言》在劝人不要为了致富辛勤工作之前说"富足人的财物是他的坚城，在他心想，犹如高墙"，这当中并不存在明确的前后不一。财富因能提供安全感被视为正面的，因此我们并未被要求避免财富，只是要避免为追求财富当牛做马，也就是不要把赚钱当作最重要的人生目的。奥勒留和塞内卡等斯多葛学派哲人也有类似建言。

将财富看作好事的主要原因颇为明显：财富能解除或减少工作的重担；能保护人起码不会遭遇某些灾难；意味着不用浪费时间和心力或情感为钱操心；能使人更自由；为人开启更广阔的愉悦经验；能增进帮助他人的能力。上述种种好处——闲暇、安全感、自由、愉悦和慷慨——普遍与幸福有关。另外两个重视财富的原因，道德学家可能较少提到，却仍相当显而易见，分别是财富能增进权力，以及财富能提高社会地位。在多数社会里，财富使人获得尊重和影响力：政治家、商人和 CEO 接到金主的电话总是欣喜若狂。但因为这个现实与我们标举的平等主义与民主理想有所摩擦，我们觉得把权力和威望视为致富的动机令人感到不太自在。不过，我们完全可以理解《屋顶上的提琴手》中特维的幻想，倘若有天他变成有钱人，他想要一栋房间和楼梯多到数不清的豪宅，好让城里的人叹为观止，城里的显要们会到他的豪宅来讨好他、向他请教（他的意见永远都是明智的，因为"人们总觉得有钱人什么都懂"）。①

---

① 《屋顶上的提琴手》是一出 1964 年开演的百老汇歌舞剧，描述 20 世纪初在帝俄统治下的犹太人处境。贫穷的酪农特维靠着卖牛奶养活老婆和五个女儿，虽然生活不稳定，就像提琴手站在屋顶上表演，但特维仍然坚持着犹太传统乐观度日。

还有一个重视财富的原因，前文曾短暂提到过：克法洛斯在柏拉图《理想国》中提出的论点，亦即有钱最大的好处就是免于任何做坏事的诱惑。今天仍有人用这一论点支持给政府官员支付高薪，称如果薪水够优渥，他们比较不容易变得贪腐。这个论点另有一个说法，即认为贫穷带有道德危险。玛莎·努斯鲍姆在凯瑟琳·布的《地下城》（本书记叙孟买贫民窟的生活）发现一个严重问题，即赤贫使想诚实做人的百姓不得不偷抢拐骗。[18] [①]

不过，柏拉图对克法洛斯的想法不太买账。在《理想国》描绘的理想城邦里，财富本身被负面地视为道德堕落的可能来源，因此城邦守护者被要求必须节衣缩食。他说，太多时候，人们渴望财富不是因为视之为达到目的的手段，而是把财富当作目的本身。这样的渴望既不理性，也容易导致严重的道德堕落，这个担忧在柏拉图的时代和我们的时代同样有道理。尽管某些犯罪行为在贫穷社区比在富

---

① 凯瑟琳·布（Katherine Boo）曾任《华盛顿邮报》的记者和编辑，2000 年因报道精神障碍者的群居生活而获得普利策奖。《地下城》一书则让她获得美国 2012 年的国家图书奖非虚构类奖。玛莎·努斯鲍姆（Martha Nussbaum）是芝加哥大学法学院与哲学系教授，钻研古希腊罗马哲学、政治哲学、女性主义与伦理学。这段针对《地下城》一书的评论刊载于《泰晤士报文学增刊》，标题为《如何描写贫穷》。

裕郊区更普遍，但若想要增进德行，没有人会认为华尔街或其他财富聚集之处是合适的选择。虽然拥有大笔财富无疑使某些人善心大发，但无可否认，财富也助长了某些人的傲慢、自负与冷酷无情。2012年，（加州大学伯克利分校）保罗·皮福主持的研究指出，拥有高社会经济地位的个人比起出身低社会经济地位团体的个人，更容易做出不道德的行为举止，像是说谎、作弊和偷窃。[19]

多数人至少会接受几个上述重视财富的理由。我们也许不愿意为了致富，在闲暇、愉悦、精力、舒适、安全感、友谊或道德诚信方面牺牲太多，但在很多文化里，尤其是在多数现代化社会里，经济上的宽裕普遍被认为是可取的，若无意外的话。就连不买彩票的人也爱谈论如果中奖要做什么。

不过，这当中有些众所周知的陷阱和错觉，我们鲜少有人能彻底避开。举例来说，虽然更多财富确实给予我们更多选择，拥有更多选择却不必然使我们更快乐。相反，诚如心理学家巴里·施瓦茨在《选择的悖论》中证明，面对太多选项，我们往往更悲惨：做决定的过程变得更复杂耗神；我们因为意识到自己所放弃的东西而更加感到痛苦。[20]被大量选项压得喘不过气的感觉在我们的文化中随处可见：高三毕业生寻找完美大学的过程；软件设计师

在程序中提供令人眼花缭乱的设定和不必要的功能
改进；我们荒谬地在网络购物时花好几个小时比较
数百种基本上大同小异的商品。

当财富分配极度不均，财富就会失去预期的好
处。家族、同事和老友可能因某一方的妒忌和另一
方的傲慢而关系恶化，尤其当不均等在短时间内变
得极为悬殊。分配不均也可能破坏财富对整体社会
的帮助，这个观念近年来因理查德·威尔金森与凯
特·皮克特的《公平之怒》，还有斯蒂格利茨的《不
平等的代价》等作品，而越来越为人所知。[21] 根据
威尔金森与皮克特的研究，在众多富裕社会中，收
入不平等越严重，社会弊病越多，包括较高的身心
疾病罹患率，还有较多的暴力，外加较低的教育水
平、社会流动率及信任感。因此，丹麦和哥斯达黎
加等国家的幸福指数要高于美国和英国等国家，因
为尽管前两国社会内部流动的财富较少，但其经济
和社会的不平等现象也不如其他很多国家极端。

这些对"财富是好事"的普遍观点所提出的
质疑，自然引发了关于财富与幸福之间的关联——
或是缺乏关联——的更为广泛的议题。这是近年来
激发大量研究的主题，而且众多研究达成了某种共
识，起码是在社会科学界有了某种共识：穷人往往
远比生活在贫穷线之上的人不快乐。这既是因为贫

穷导致物质匮乏，如粮食不足、生活环境不健康，也是因为贫穷会使生病、失业、孤独或离婚等不幸的经历雪上加霜。不过，一旦获得某种适当程度的舒适和安全，更多的财富并不会明显地增进幸福。多数人的"饱和水平"（satiation level）达到之后，收入再怎么增加，也不会影响其幸福程度。一项使用了45万份盖洛普访调数据的研究显示，在2012年美国生活费高昂的地区，这一"饱和水平"约为7.5万美元。[22]

在某种程度上，饱和点的存在出人意料。毕竟，远高于7.5万美元的收入，能使人到异国旅行、买昂贵的演唱会门票、去高级餐厅用餐，还有用一些奢侈品稍微取悦一下自己。而且增加享受的质与量会使人更开心这样的假定似乎很合理。那为什么实际情况并非如此呢？卡内曼提出的部分解释，使人想起前文关于简约生活的看法：当人越来越富有，他们享受日常生活微小、简单之愉悦的能力相应变弱。[23]一项研究显示，当受试者被灌输有关发财的想法之后，他们从吃巧克力当中所得到的愉悦就降低了，这项研究成果大概能够支持这一假设。

一旦达到某个适当程度的富裕，多余的财富不会使人更快乐，这个说法似乎于理有据。即便如此，收入达到饱和水平的人，却很难摆脱再多赚一点就会带给他们更多快乐的想法。这个错觉不仅限于金钱。人们搜集各式各样的东西，从名画、古董车到铁路纪念品、牛奶盅，有些人不曾平息增添收藏的强烈欲望，总是想着下一个战利品会使他们更幸福。但金钱本身并不重要，重要的是金钱的购买能力——我们可以用金钱交换我们想要的任何待价而沽的东西——这项事实使金钱变得更抢手，而且是在四海之内都十分抢手。正常人不会渴望用不到的东西。莫名囤积大量多出来的汽车、冰箱、桌子或茶壶的人，会被社会视为心理上有问题。但金钱就不同了。总是想要更多的钱在我们看来是正常的。当彩票奖金提高，人们就会购买更多的彩票，即使那样的金额早就超过舒适生活所需的好几倍。汲汲营营累积财富的百万富翁，一般不会被认为需要接受治疗。诚如罗伯特·斯基德尔斯基与爱德华·斯基德尔斯基在《金钱与好的生活》中所言："金钱是唯一永远不足够的东西，原因很简单，因为'足够'这个概念用在金钱上不符合逻辑。"[24]（温莎公爵夫人）华里丝·辛普森则更言简意赅地指出："从来不存在太有钱或太瘦的人。"

　　不消说，越富有越快乐的错觉由来已久。正如物质主义和消费主义的当代批评者，古代哲学家也亟欲揭露这个错觉，但两者似乎同样失败。即便亚里士多德也批评那些无止境追逐金钱的人，相较于截至目前引用过的许多古典思想家，亚里士多德对财富的态度相对正面，也不那么认同节衣缩食的价值。他认为财富就像健康，若要生活得有品质，拥有一定数量的金钱是必须的。金钱发挥正常功能时，使人有余裕实践美德：举例来说，金钱能使人陶冶心智、慷慨施予，以及参与公共生活。但对亚里士多德而言，金钱仅是一种达到目的的手段，其目的为得到美好生活。一旦有足够的金钱实现美好生活，渴望更多金钱，就像想要更多派不上用场的开罐器或热水壶一样不合逻辑。在这点上，他和伊壁鸠鲁学派与斯多葛学派的立场是一致的。

尽管这种错觉存在已久，比起过去，在今日大概更为根深蒂固，因为我们情不自禁地吸收了社会所灌输的某些价值、思想、态度和欲望。资本主义的本质决定了它需要不断地扩张市场，于是通过产生新欲望来创造更大的市场，而消费者只能通过花钱来满足这些新欲望。置身在这个不断循环的状态超过两个世纪后，我们把对积攒更多钱的渴望视为理所当然，无论本来已拥有多少，就好像政治家和经济学家倾向于把对经济增长的渴望视为理所当然，不去思索经济增长是否会使人们更快乐。资本主义也提供人人都可能致富的诱惑，无论他或她当下的社会经济地位如何,这又进一步增加了财富的吸引力。当然,人们总是幻想某天自己的处境会出现 180 度的大转变;这样的希望可见于《灰姑娘》等童话故事中,主角灰姑娘在短短几天内,从家中的苦工摇身一变成为公主。但童话故事是幻想,需要神仙教母出手相助这点就露出马脚了。然而,资本主义可提供许多现实生活的范例,从安德鲁·卡耐基到不久前靠着卖掉新创科技公司而进账数十亿美元的大学辍学生。[①] 你会步他们后尘的机会大概很小,但也不是不可能!

聚敛的光明面

富裕就是拥有有价值的财产;物质的聚敛是对某种财产的欲望,通常是值钱的财产。多数人在某种程度上都是贪的(acquisitive)。他们的欲望可能被导向特定物品——土地、汽车、书籍、衣服、牛奶盅——或导向一般的财富;对金钱有某种渴

---

① 安德鲁·卡耐基(Andrew Carnegie, 1835~1919),一个贫穷的苏格兰移民,从纺织厂童工、电报小弟做起,通过投资铁路、卧车、桥梁、油田和股票,最后成为美国钢铁大王。然而他也在去世前将 90% 的身家捐给慈善机构并成立大学。至于卖掉新创科技公司而进账数十亿美元的大学辍学生,指的就是念到哈佛大学二年级就辍学的脸书董事长马克·扎克伯格(Mark Zuckerberg)。

望，在多数社会是常态，因为钱是最容易转换的财产种类。有鉴于前文提到的拥有适度财富的好处，这样的欲望是合乎情理的。

诚如我们所见到的，有些思想家就连些微的聚敛都不信任。第欧根尼是最极端的代表，但柏拉图也一贯地对聚敛抱持怀疑态度；他认为聚敛之源来自灵魂当中想要满足欲望的那个部分——他比拟为城市人口中想要赚钱的那个部分——并警告赚钱的欲望一旦被挑起，就很容易成为无底洞。[25] 不过，多数道德学家只对过分的聚敛有意见，像是贪婪（greed）。而且部分道德学家会论称，若意识到那其实是受到情感牵引的潜在渴望，我们或许不会如此轻蔑各种聚敛，特别是贪财（avarice）。举例来说，尼采的主张相当迷人，他说贪财和爱都是出于对拥有的渴望。[26] 心理学家凯瑟琳·沃斯指出，研究显示"在意金钱"和"更加自给自足"之间有联结（不过在同一份研究中，沃斯也发现"在意金钱"和"比较不愿意帮助别人"及"更加以自我为中心"也有联结）。[27]

我们也可以主张，所有智者都该放轻松点，不要动不动就唠叨追求超出个人需要的财富是不合理的，或这种欲望往往会变得无法满足，或这么做会腐化人的道德秉性等。他们没有意识到，对沉浸在聚敛活动中的许多人而言，追求财富其实就像一场游戏。尽管小威廉姆斯已赢得数十个锦标赛冠军而且赚了数百万奖金，我们并不会觉得她不断试图赢得更多网球比赛冠军是不合理的。她一辈子都在竞逐冠军头衔。她享受挑战、追寻，以及所有她缔造的纪录。那为什么企业家或基金管理人追求更多他们不需要的财富却会被视为不合理呢？他们难道不是在从事基本上相同的活动，即制定策略，享受竞争过程的激战，然后当豪赌成功、抓住机会，或谈成一笔生意，感觉就像被施打一剂多巴胺吗？心理学家说得应该没错，一旦达到特定数字，更多的钱也不会使你更快乐；网球冠军之于小威廉姆斯可能也可以如此解释。这并不是说追求更多是无意义的，因为满足来自追求的过程本身。或许永不满足的赚钱者应该被比作渴望更多领土的征服者，或是不停追求女性的唐璜，加缪在《西西弗斯神话》中拿这两种人充当他所谓的"荒谬英雄"（absurd hero）的例子，荒谬英雄完全明白自己的任务最终只是徒劳，但他们还是深陷其中，并因此得到某种幸福，就像推着石头上山的西西弗斯。

　　然而，多数道德学家认为，对物质财富远超出真正需要的无底欲望，既愚蠢又应受谴责。可是判断一个人的欲望是否过分，显然不是一目了然的事。主张需求应该局限于自然或合理的需要当然不会错——满足这些需要就足以让我们过上美好生活——但不同社会对这些需要的想象各不相同，而且即便在同一个社会，标准也会随时间改变，并随阶级或社会团体不同而有所差异。举例来说，今天的美国人经常被告知应该想办法存个一百万美元在退休基金里，以便能安享舒适的退休生活。考虑到美国的一般生活水平、生活费用、较长的寿命，以及医疗保险费用，这数字似乎是合理的渴望。但对世界上许多人口而言，一百万美元的储蓄就像天文数字；认为自己需要这么多存款的人肯定有点精神错乱。可是从美国中产阶级的角度来看，那些超级巨富才是贪婪的缩影，那些人觉得他们需要第四栋房子或第五艘船。若真要找个通则的话，大概可以说，贪婪的人就是欲望多过自己的那些人。

尽管贪婪向来被谴责为道德缺陷，有个众所周知的论点却对贪婪持正面观点：贪婪能促进经济活动，进而提高整体经济繁荣水平。也就是说，被众人视为个人恶习（private vice）的东西能产生公共利益（public benefits），这是伯纳德·曼德维尔在《蜜蜂的寓言》中极具说服力的著名论点。

贪婪，罪恶之根，

那不怀好意的邪恶习性，

是挥霍的奴隶，

挥霍是高贵的罪恶。而奢侈

雇用无数穷人，

讨厌的自负也雇用无数……

……因此恶习滋养聪明才智，

和时间携手合作。而工业带来生活的便利，

带来十足的愉悦、舒适、安逸，

程度之甚，就连最贫穷的人

都比昔日富人过得更好。[28]

亚当·斯密多少赞同这个看法，当个人一心一意地追求"满足自身的虚荣和无底欲望"时，他们仿佛"被一只看不见的手引导"，无意间促进了社会的整体福祉。[29]斯密提出这个论点，和他的朋友休谟一样，都是在反映并协助道德观点的大转向。休谟表示，不应该依据某种理想化的个性类型或生活风格，而是应该根据其社会实用性，将某种特质分类为美德或恶习。[30]休谟因此以类似的方式批评那些"就连最无害的奢侈都不放过的严厉道德人士"，并为消费主义提出最早的辩护。

所有商品的增加和消耗有利于社会，商品既能装饰生活，又能使生活更令人享受。因为在它们使个人无害的满足加倍增长之际，它们也是某种劳动力的仓库，一旦有迫切需要，可以被转化成公共服务。如果一个国家对这类过剩生产没有需求，人就会变得懒惰，不懂得享受生活，而且对公众毫无贡献。[31]

一般认为驱动资本主义的聚敛，和多数宗教对贪财和贪婪的批评立场向来冲突。马克斯·韦伯的《新教伦理与资本主义精神》指出，恰恰是一个颇为矛盾的工作伦理，使欧洲北部的新教国家成为资本主义的主要发源地，这个工作伦理既鼓励赚钱，又推崇谴责奢侈的苦修道德规范，因为这样的结合会产生资本主义所需的资本累积和大规模投资。不过，这年头坦承渴望致富不太容易被出于宗教信仰的道德顾虑阻止。美国目前最受欢迎的大学学科是商学，学商的学生通常不会羞于分享选择念商科的动机。

个人的贪财驱使经济增长，进而创造许多其他社会益处的论点，在资本主义时代到来之前就存在了，到了现代则成了聚敛的主要辩词。此外，经济学者、企业董事会和高级管理阶层，似乎都认定金钱是"最大的动机",认定要人们工作更认真、更上一层楼的主要办法就是付更多薪水。这个办法的真实性到底有几分,不是现在能确定的问题,只能说确实有待商榷。心理学家爱德华·德西表示,诸如金钱等外在动机会破坏一个人完成任务的内在动机。举例来说,德西发现一群学生被要求解谜时,相较于什么奖励都没有的学生,获得现金奖励的学生一旦拿到钱,就不会坚持要解开谜题。[32] 金钱有时会让人分心以致表现不好。丹·艾瑞里在印度的研究支持这个看法。艾瑞里邀请乡下居民玩测试记忆力、创意和运动能力的游戏。他发现接受最多奖金(相当于当地人5个月的收入)的村民,表现得比奖金较少的村民更差。以美国商学院学生为受试者的类似实验也产生类似结果。[33] 艾瑞里挖苦地指出,当他把研究发现分享给高薪经理人时,他们仍相信金钱奖励在他们自己身上有增进表现的效果。他们当然会这么相信,不是吗?

披头士乐队在1964年唱道:"我的爱是无价的。"但崔维·麦考伊的2012年畅销歌曲《亿万富翁》开头便坦承:"我想当个亿万富翁/想到发疯/买下所有我不曾拥有的。"尽管保罗·麦卡特尼的陈词滥调带有一丝讽刺,他毕竟是个瞬间成名致富的人,而麦考伊的歌曲接着想象要如何用财富帮助他人，这个对比确实说明了文化态度的转变。即便如此，在 1987 年的电影《华尔街》里面，当房地产投机者和企业侵入者（corporate raider）戈登·盖柯宣称"贪婪是美德"时，我们这些观众都知道说出这话的不是好人，而且我们很高兴在电影最后看到说贪婪是美德的坏人被押送到监狱里。我们的文化似乎仍在两个立场之间拉扯，不知道是应该接受聚敛为经济增长之必要条件，还是应该谴责聚敛为不可取的性格特质，因为它代表了虚假价值，并且鼓励不道德行为。

第五章　挥霍度日的利与弊

　　获取生活中最丰硕果实和最大享受的秘密在于——冒险犯难地生活！将你的都市建立在维苏威火山旁吧！把你们的船开进未经探险的海域吧！

　　　　　　　　　　——尼采,《快乐的科学》

　　当阿瑞斯提普斯因为生活挥霍受到指摘,他回应道:"如果挥霍是过错,就不会在神的节日上占有一席之地。"[1]

　　以下是"挥霍的"(extravagant)的一些同义词(见表5-1)。

表5-1　"挥霍的"的同义词

慷慨的 liberal	浮华的 ostentatious	轻率的 imprudent	浪费的 wasteful
盛大华丽的 magnificent	俗艳的 flashy	缺乏远见的、浪费的 improvident	不必要的 unnecessary
奢华的 lavish	炫耀的 showy	不知节制的 immoderate	鲁莽的 reckless
奢侈的 costly	过于昂贵的 extortionate	过分的 excessive	愚蠢的 foolish
	无节制的 unrestrained	恣意挥霍的 profligate	放荡的 dissipated
		败家的 prodigal	多余的 superfluous

诚如"简单"和"节俭"的同义词，上述某些单词是中性的，其他则具有规范力。在少数案例中（"慷慨的""盛大华丽的"），规范力是正面的，但多数是负面的，使人联想到愚蠢、浪费，或看起来不太健康。用来形容生活方式时，挥霍概念有三种主要的意义：

一、入不敷出

二、浪费，或不计成本

三、过奢侈昂贵的生活，花大价钱满足自己的欲望，以及／或是引人注意

我们还可以再增加一个意义，就是使他人受益的极度慷慨或大方。但我们通常会用其他词语来形容这样的行为，像是"munificent"（慷慨的）、"bounteous"（慷慨的）或"openhanded"（慷慨的）；而"extravagant"几乎总是带有不明智或不适当的含义。上述的三个意义显然不是相互排斥的。三个选项全部打钩是很容易发生的事。三个意义之中，第二个和第三个意义最值得玩味，特别是当挥霍的程度在可负担范围之内。

轻率的挥霍

鲜少有人会为入不敷出说话。当入不敷出是因

贫困拮据而不可避免时，人们通常不会称之为挥霍，而是说两害相权取其轻，另一害可能是被驱逐、生病、饥饿或其他为了不要欠债而造成的可怕后果。然而，当入不敷出其实是可以避免的，说这样是愚蠢已算轻描淡写，尤其是当这么做为其他人带来苦难时，我们就有理由判断这是一个道德缺陷。

　　有趣的是，即便花钱如流水的人吃足了苦头，这样的财务轻率行为还是经常遭受道德批评。举例来说，经济学家和文化评论者经常把美国人当作一个整体加以责备，因为看不惯他们夸张的信用卡消费模式，以及几乎不储蓄的习惯，尤其是被拿来和节俭的德国人或中国人相比时。这种入不敷出的生活方式显然被认为是不负责任的，更重要的是，它暗示了一个人没有能力抵抗轻轻松松就可以借到钱的诱惑。

　　然而，这充满道德色彩的批判却和资本主义通过电视、广播、报纸、杂志、垃圾邮件、弹出式广告、广告牌（基本上就是所有可利用的媒体形式），不断对我们洗脑的其他信息相冲突。我们不仅持续且积极地被鼓励拿信用卡购物——很多商品的广告还经常搭配低利息借贷方案——而且我们有时甚至被教导：疯狂血拼的消费者等于好公民，消费主义就是一种爱国主义。这一信息在二战后被清楚地传达，当时消费者需求是重建经济之必须；进入21世纪，消费主义又受到提倡。当"9·11"恐怖袭击重挫纽约经济，纽约市长鲁道夫·朱利安尼在某次广播访问中提出了类似口号：

> 有个办法能让每个人都帮到我们，包括纽约人和全国各地的同胞。来纽约消费，花一点钱就好。像是到某间商店，现在就做圣诞节或假期采购，就这个周末。[2]

当2008年金融风暴引发的经济衰退持续发酵，《新闻周刊》也在2009年发出类似呼吁，标题为《不要再存钱了！》——

> 在我们的经济体中，当70%的活动来自消费者时，我们真的需要号召街头巷尾一起消费。否则我们会陷入经济学家凯恩斯所谓的"节俭悖论"（paradox of thrift）……在紧缩时期我们会忍不住仿效梭罗，过得简单谨慎。但如果我们失去对赚钱和冒险的爱好，我们就失去了生为美国人的精髓了。[3]

除了债务融资的消费，资本主义也鼓励且需要债务融资的企业。这类风险承担始终是体制不可或缺的一部分，当贝拉克·奥巴马在2012年总统选举的宣传活动中呼吁"新经济爱国主义"时，债务融资绝对是其内涵的一部分。我们的道德态度在此又出现矛盾，而且主要是后见之明。当崭露头角的企业家冒险成功——他们把全部身家都投注到自己的创见中——我们为他们鼓掌喝彩。这些鼓舞人心的道德故事深受媒体喜爱并且深植民众记忆。但从统计的角度来看，花光自己和配偶的养老金、申请二次贷款，然后向双亲借钱以实现所谓"好点子"（big idea）的人，多数情况下都不太负责任。再怎么说，绝大多数新创公司是以失败收场。尽管确切数字因每个人对失败的定义而异，但在美国，新创企业一般而言会在创立后5年内停业。[4]一旦创业失败，人们便迫不及待地批评起负责人的轻率。

对高等教育花费的态度，最能够凸显我们对债务的矛盾立场，以及后见之明在决定我们对债务持正面或负面看法的重要性。人们总是说好的教育无价，不能用数字来衡量。在这点上，人们愿意以高额贷款确保自己或孩子得到好的教育是很了不起的。有句犹太格言这么说："受过教育的人永远不贫穷。"就连满脑子数字的人也能引用无数研究，显示有学位的人一生赚的钱，远比没有念大学或没完成大学学业的人要多。可是对美国的许多大学毕业生而言，学贷的负担——2014 年的平均值为 3.3 万美元——就变得非常沉重。有些人借了大笔钱主修在职业发展上没有明确价值的科目，譬如舞蹈史或宗教研究，使得这些人在今天很容易遭遇传统上针对轻率行事的不同情态度。这种态度可能反映了越来越无所不在的物质实用主义。但对该赞扬还是该批评为了教育积欠大笔债务的不确定态度，也是肇因于时代的变迁。事实是，过去几年直到现在，学生借的钱和毕业后赚的钱之间的差距不断扩大，这使得为念大学不惜债台高筑的选择是否明智越来越受质疑。[5]

能力范围内的挥霍

从伦理立场来看，常见的轻率（例如在园艺上乱花钱）并不特别有趣。比较值得探讨的是有经济能力的人所展现的挥霍。

举例来说：

- 丽莎·明尼里在 2002 年的婚礼花了约 350 万美元。

- 流行歌手博诺某次到意大利参加一场募款会，想要戴某一项他留在爱尔兰没带出门的帽子，于是花了 1700 美元让帽子搭飞机。

- 根据纸媒报道，歌手蕾哈娜在 2011 年每星期花 2.3 万美元在她的头发上（以这速度，她一年要花超过一百万美元做头发）。

- 帕丽斯·希尔顿以 32.5 万美元帮她的狗盖了一栋以她自己的别墅为模型的狗屋。

- 泰科前 CEO 丹尼斯·科兹洛夫斯基在撒丁岛为太太举办 40 岁生日派对，与会贵宾都拿到一件豪华的（仿古罗马）托加袍（toga），吉米·巴菲特受雇负责演奏，餐桌的中心摆饰是尿着伏特加的米开朗琪罗大卫像冰雕。①

---

① 丽莎·明尼里（Liza Minelli）出身演艺世家，父亲是执导《一个美国人在巴黎》的文森特·明尼里，母亲是演过《绿野仙踪》的朱迪·嘉兰，丽莎自己则是以《酒店》一片获得奥斯卡最佳女主角奖。博诺（Bono）最为人所知的角色是爱尔兰摇滚乐团 U2 的主唱，但他也是个热衷于做公益的投资家，投资标的包括娱乐事业、旅馆、购物中心等。蕾哈娜（Rihanna）出生于巴巴多斯，是近年得奖无数的流行畅销乐手，2012 年名列《福布斯》影响力人物第 4 位，2014 年获美国时装设计师协会"时装偶像终身成就奖"。帕丽斯·希尔顿（Paris Hilton）是希尔顿饭店创办人的曾孙女，做过模特儿、演过电视剧、出过唱片、写过书，但最广为人知的是她多彩多姿的私生活。丹尼斯·科兹洛夫斯基（Dennis Kozlowski）原是消防保全巨擘泰科国际的 CEO，2005 年被控特大盗窃、伪造文书、证券欺诈等罪名，分别被判处 8 年 4 个月到 25 年不等的刑期，已于 2012 年假释出狱。

很多人（无疑也包括我）的内心立刻对这种放纵表示不赞同，甚至心生厌恶。（倘若你认为你不会有这样的反应，问问你自己，如果今天做同样事情的人，是你身边一夕暴富的双亲、配偶、孩子或好友，你也一样完全没问题吗？）当我们在报纸上读到明尼里的婚姻只维持了 18 个月，科兹洛夫斯基最后因重大盗窃罪入狱，我们不能否认，心里多少有点幸灾乐祸。但我们为什么不赞同他们的挥霍呢？我们有理由不赞同吗？

有些富人会理所当然地说我们的不赞同是出于忌妒，这么说也有几分道理。名人八卦小报的编辑显然相信我们喜欢阅读明星的痛苦。稍微浏览一下近期的《国家询问报》，就能看到大量关于电影明星们的悲惨故事，像是亚历克·鲍德温引发了不愉快的家族争吵，在迈克尔·道格拉斯办理离婚之际，他被关押在狱中的儿子正被转送到安全管理层级更高的监狱，还有扎克·埃弗隆差点因海洛因过量一命呜呼。不过，我们对这类故事的兴趣或许不全然出于卑劣的忌妒，我们可能只是因为得知富人也不比我们开心而觉得宽慰。

还有什么原因使我们不赞同挥霍呢？人们之所以反感，部分是因为造成上述奢侈行为的性格特质。在某些情况下，主角实在是太过放纵了，例如玛丽·安托瓦内特下令建造一整座村庄，完全只是为了让她假扮牛奶女工玩耍，或是迈克尔·杰克逊在自己的庄园里盖了一座私人的游乐园。其他人挥霍似乎是受到炫富欲望的驱使，这大概就是佩戴钻石劳力士手表和其他"凡勃伦商品"〔Veblen goods，以发明"炫耀性消费"（conspicuous consumption）一词的经济学家索尔斯坦·凡勃伦之名命名〕的用意。凡勃伦商品的主要目的就是展现优越地位。有时候消费本身就是展示的一部分，像是某些亿万富翁打败拍卖会上其他所有买家，取得他们几乎一无所知的艺术品，或是为他们拥有的足球队买下明星球员。在这些案例中，我们自然会推断驱使这些购买行为的性格在某种程度上是负面的。这些想要炫耀自己很有钱的人究竟在想什么？他们是希望让别人自叹不如吗？还是他们需要通过炫富不断增强其自尊？他们评断一个人时是否以富有的程度为主要依据？

这类批评和本书引用的许多古代哲人提出的批评相似。挥霍是出于无知，并且代表一种性格的缺陷。挥霍的人误解了美好生活的本质，在对地位和／或奢侈享受的错误追求中，他们的道德性格变得扭曲。这项批评很接近第二、三章提到的论点，讨论的是挥霍让沉溺其中的人透露出什么个性以及对他们产生了什么影响。另一个现代说法可以用存在主义者所谓的"不真实性"（inauthenticity）来提出批评。不真实性的形式五花八门，人们最熟悉的形式之一是通过获得和纵乐以自我逃避。奥逊·威尔斯的《公民凯恩》和 F. 斯科特·菲茨杰拉德的《了不起的盖茨比》这两部作品的主角都是典型范例。他们的消费和展示似乎是为了隐藏或弥补内心的空虚。在这类情况下，我们在道德上和美学上的厌恶甚至可能还掺杂了一点同情。

有些挥霍能产生稍微不一样且饶有兴味的厌恶，这种厌恶可以被称为美学上的，而非道德上的。《圣经》说"愚昧人宴乐度日是不合宜的"[6]，而那种"不合宜"之感，也可能被其他景象所唤起：庸俗没文化修养之人买下汗牛充栋的图书、不入流的钢琴家购买施坦威钢琴、不懂品尝美食的人订购陈年醋。在某些情况下，心生厌恶可能只是因为势利。我们相信自己更懂得使用或欣赏暴发户根本不知道如何衡量其价值的东西。但即便无法理直气壮地声称自己更有品位，我们还是会以有其他人比那些暴发户更适合拥有这些东西为由来加以反对。

上述不赞同挥霍的原因都聚焦在放纵者的性格上，他们被认为在某些方面有缺陷。从德行伦理学（也就是柏拉图、亚里士多德和斯多葛学派）的观点来看，那可是个严重的道德批评。对其他人而言，一个人的行为唯有在伤害到其他人时才是错的，部分抱持此想法的人对放纵比较包容。博诺想让他的帽子坐头等舱到意大利，伤害到谁了？那是超级有钱人的特权。但我们是否可以论称家财万贯的人在挥霍时，确实对其他人造成了伤害？有两个支持这个看法的论点确实如此认为。

挥霍可能造成伤害的方式之一是其有害的连锁反应（knock-on effect）。看到别人挥霍无度，是许多人受怂恿开始挥霍的最主要因素之一，凡勃伦在《有闲阶级论》中描述了这个过程。[7]人们花钱提升社会地位，这是一切消费背后不可告人的动机，无论消费的对象是物品（房子、车子、衣服、科技、小装置）、体验（度假、运动）还是活动（婚礼、派对）。诚如朱丽叶·斯格尔在《过度消费的美国人》中提出的论点，过去和街头巷尾比较的心态已逐渐式微，现在的人试图向出现在电视、广告和其他媒体上的比周遭邻居更富裕的人看齐。这些人物成为人们衡量自己的新标准，于是他们觉得必须赚更多钱，以便能够购买更多。[8]对绝大多数有此想法的人而言，这个趋势的整体后果是不好的，因为整个社会经济光谱都被卷入炫耀性消费的无限竞争，导致有些人破产、没有几个人快乐，而且很多人心怀不满，同时还加剧了社会的不平等。这个问题和膨胀的收入并存（且彼此相关）。当处在高层的人坚持拿数千万的薪水和红利，就会影响到在职场上比他们低层的人的想望、期待、需求或希望。因此，大学校长和医院CEO也开始要求不像话的高薪，再怎么说，他们可是隶属于非营利机构啊。其他工作的薪资于是产生通胀效应，进而伤害到社会经济等级相对低阶的人，他们根本无法参与竞争，却还是得付更高的租金、学费、医疗账单、保险费，以及来自（并支持）薪资膨胀的其他费用。富人的挥霍因而助长了一种物质文化，这样的文化给人幸福的愿景，但事实上并不能真的给人幸福。这种文化也间接提倡了一种具有破坏性的个人主义，助长了寻求财富以便能自掏腰包享受商品、经验和机会的态度。这强化了对个人财富的渴望，因此缴税变得越来越不符合一己私利，因此人们对用在社群福利的公共支出变得越来越没有责任感，因此社会出现了幸福靠自己争取的观念（导致对社群福利的投资越来越少），诸如此类。教育和居住是证明这种情况的绝佳例子。

主张挥霍有害的第二个原因，单纯是挥霍造成太多浪费，我们显然可以更妥善利用被挥霍的大笔金钱。这大概是挥霍最常遇到的道德反对，其主要论点似乎无可驳斥。当过分放纵与严肃需要并陈往往对人产生巨大冲击。举例来说，在某人拥有数间别墅豪宅的同时，另有数千人沦落街头，或者在有钱人大啖进口珍馐的同时，世界各地的穷人却食不果腹。这类批评通常出于彼得·辛格①等功利主义者之口。

根据辛格的功利主义，每个人都有尽可能在生活中增进幸福和减轻苦难的义务。辛格认为当某人大啖昂贵食物而邻居三餐不继，或是花一大笔钱满足不必要的纵乐欲望但邻居却死于买不起药物时，人人都看得出其中绝对存在道德问题。借由简单类比得到的结论就是，富人在世界各地沉溺于挥霍享受，而不是把钱花在拯救性命或大幅改善许多人的生活上，这样是不应该的；至于富人和穷人之间的实际距离（即使两者不是邻居）在道德上并没有相关性。辛格从这个理论路线推演出合理的结论，主张任何有能力的人都应该用其可支配收入去帮助有需要的人，直到我们放弃的愉悦在受帮助者的生活改善程度面前相形失色。[9] 鲜少有人愿意追随辛格到这种地步，但很多人都会同意，只要还有人因缺

---

① 彼得·辛格（Peter Singer）是任教于美国普林斯顿大学的澳洲哲学家，1975 年以出版《解放动物》一书并鼓吹素食而为世人所知。

乏生活基本必需品而受苦与消亡，某些挥霍的行为在道德上就会令人反感。不过，比较棘手的是，对挥霍的认知因个人的文化标准而异。我们或许乐于加入辛格的高道德标准行列，以便炮轰名人和"肥猫"银行家的炫耀性消费和过度放纵。但从另一个观点来看，美国中产阶级认为完全合理的消费习惯，在世界其他地方可能也被许多人认为是非常放纵的——甚至是毫无同情心的。四口之家到旧金山像样的餐厅吃饭，然后一起看场电影，花掉 300 美元是轻而易举的事。这可是比刚果和索马里等国家的人均年收入还要多，也比加利福尼亚州某些家庭一个月的伙食费还要多。① 辛格表示，我们对急需帮助之人有同等的义务，无论他们近在咫尺还是远在天边。因此，若放弃只对自身幸福稍微加分的奢侈享受，便能够大大改善连食物、干净的水、遮风避雨处和卫生保健都没有的人的生活，我们就应该这么做。

辛格就连反对我们眼中有限的挥霍都振振有词，但该论点未能说服多数人，至少未能显著改变他们的行为。这当然可归因于多数人把自己的利益摆在责任之前。但这样说太过简化。对严格功利计

① 美国劳工统计局 2013 年的统计显示，收入最低的 20% 的消费者，在 2011 年的粮食花费平均为 3547 美元，等于平均每个月 296 美元。

算的批评者而言，我们所谓应负的责任和我们认为可接受的责任之间的落差太大了。辛格的推论有个问题，他假设我们对所有人拥有相同的义务，无论他们是朋友还是陌生人，近邻还是住在世界另一头的人。在多数道德准则以及一般道德思考中，无论在字面意义上还是比喻意义上，亲密性和距离是会造成差别的。我们对和自己亲密的人的义务比较大。另一个问题是辛格的论点把视而不见在道德上等同于犯罪：把钱花在奢侈品上，而不是用来拯救生命或减轻苦难，几乎被视为置人于死地或使人受苦。不过，多数道德准则不认为这两者是相同的：我们的社会监禁杀人犯，但不会监禁捐钱不够多的人。

功利主义对这类驳斥的标准回应是主张我们习以为常的道德信仰和道德实践是错误的，而且需要改变。多数人以特定方式思考，我们的社会长时间以特定方式做事，或我们的"道德直觉"告诉我们如此继续下去是可接受的，并不能证明什么。认为我们应该竭力最大化幸福与最小化受苦的功利主义原则，在针砭我们墨守成规（且安于现状）的道德规范时提供了理论基础。对此，反方回应，一个可行的道德观不能执意忽略几乎放诸四海皆准的人类行为与人类文化特质。这是经常被讨论的哲学话题，只是我们不可能在本书中结束这场辩论。不过，这就是双方的立场都极具说服力的那种情况。

然而，和功利主义批评挥霍截然不同的另一类回应是为挥霍直言辩护，论称比起将挥霍视为浪费，我们更应该看见挥霍对个人和整体社会的价值。这个思路也能回应前文引用的节俭智者和简约生活实践者对挥霍的其他批评。西方传统的哲学家罕有人美言称赞挥霍，但这反而令人更好奇对挥霍的辩护之言是什么。

对能力范围内的挥霍予以支持的论点

在目前提及的所有关于挥霍的例子中，批评的倾向几乎都是被过度的消费行为或浪费触发。诚如前文提到的，"过分"和"浪费"等词本身皆带贬义，使用这些词事实上等同于批评。但我们应提防听信一面之词。基于上述种种原因，挥霍，即便是能力范围内的挥霍，很容易遭受批评。我们已经提过博诺的帽子、蕾哈娜的头发，以及明尼里的婚礼。但我们也应该把其他例子纳入考虑，敞开心胸承认挥霍可能产生的任何好处，哪怕是极为荒唐的情况。当我们这么做时，会发现事实上至少有部分挥霍确实值得被正面看待。

- **挥霍驱动经济成长**

在前一章，我们提到资本主义时代的到来导

致了对贪财和聚敛等特质的道德评价有所转变。亚当·斯密、休谟及其他人基于它们创造公共利益的理由，对向来被谴责为个人恶习的行为进行重新评估。类似论点也适用于挥霍：挥霍具有经济效益，毕竟一个人的挥霍就是另一个人的收入。

"奢侈品"每年创造的消费金额，取决于一个人如何定义"奢侈品"。对第欧根尼而言，几乎任何财产都是奢侈的。在今天，多数美国人大概不会把智能型手机视为奢侈品，但会把昂贵的艺术品归类为奢侈品。许多经济学家倾向采用的定义是，当人们的收入增加，对某物品需求的增幅胜过收入的涨幅，则可将该物品归类为奢侈品。但无论定义为何，奢侈品都创造了巨大消费。根据管理咨询公司贝恩所做的一份报告，奢侈商品在 2014 年的全球市值超过 9000 亿美元。[10] 支持挥霍的论点主张，当人们花钱买奢侈品时，对商品和服务的需求自然会增加，这会创造工作机会，使受雇者赚更多钱，也花更多钱，进一步刺激经济活动，导致所有人利益均沾。由于工作的人是缴税而不是接受社会福利津贴，因此挥霍的正面效果，还可以包括使政府有能力从事诸如教育、卫生保健、运输和改善全民生活品质的公共设施等国家投资。

这是个强而有力的论点。倘若我们沿用某些

节俭智者对挥霍的定义，也就是用于奢侈享受的花费（而"奢侈品"等于满足他们心目中美好生活所需之外的一切），如此一来，挥霍所能产生的力道就更强大了。这么说来，我们必须承认绝大多数工作机会之所以存在，是因为有一大批人愿意挥霍浪费。短期来看，哪怕是轻率的挥霍都有益于经济发展，像是刷卡购买其实不真正需要的商品，导致长期处于欠债的状态。制作和贩卖东西的人也有益于经济发展，无论他们的商品如何被支付。不过，长期来看，这类挥霍的广泛经济效益会逐渐消退。因为一旦人们得用一大部分的月收入还信用卡欠款，他们能支配的收入就变少了，因此他们本来可以花在商品与服务上的钱，全被吸进信用卡公司的金库里。轻率甚至会伤害一个经济体，2008年开始的经济衰退便是一例。美国家庭背负的债务是导致这场衰退的复杂成因中的主因之一，债务包括无法再融资的房贷，一旦房地产泡沫化，这些人便得背负起负资产。然而，这种自食恶果的行为并不能推翻能力范围内（相对轻率的）挥霍的经济帮助。普遍观感和道德哲学可能会区分合理的消费者支出，和愚蠢、浪费、病入膏肓的自我放纵开支，但研究挥霍对就业、个人年均收入或国内生产总值会有什么影响的经济学家才不在乎两者的差别。

- **挥霍驱动文化**

请在脑中想象泰姬陵、凡尔赛宫的宫殿和花园、西斯廷礼拜堂、美国国会图书馆、英国豪华庄园、西安的兵马俑、圣索菲亚大教堂、雅典的万神殿或英国君主的王权之物。想象 18 世纪贵族雇用整支交响乐团，并委托海顿和莫扎特等音乐家谱曲，好为一场晚餐派对或舞会增色。想象我们当游客时去的地方和做的事。很多时候我们排队花大价钱，只为一睹某个死了很久的"肥猫"的挥霍成果：宫殿、城堡、坟墓、寺庙、大教堂、花园、湿壁画、壁毯、雕塑、绘画、珠宝和其他文物。它们几乎全都是用重金打造的。有谁在造访佛罗伦萨时对美第奇家族的消费习惯摇头，希望他们当初能更节俭一些？或到莫斯科大剧院欣赏芭蕾舞，却因为看见剧院奢华的装饰败兴而归？或是觉得布伦海姆宫的房舍与花园令人反感，而不是沉浸于其壮观之美？事实上，我们大可论称，倘若人人皆听从苏格拉底与节俭智者们的建言，旅游业大概荡然无存——而且还不仅仅是因为人们会舍不得花钱旅行。除了少数闻名遐迩的自然奇景，世上不会有其他值得人们在度假时拿来当背景笑眯眯地拍照留念的地标。

以下是另一个挑战戒除浪费和享受简约生活的颇

有分量的理由：挥霍驱动文化。很多我们认为是文明重大成就的事物，从泰姬陵到凯迪拉克、从哈勃太空望远镜到奥林匹克运动会、从文艺复兴的艺术和建筑到詹姆斯·邦德的电影，全都是个人和集体的挥霍结果。这些都是文化的产物，我们认为世界因有文化而更有意思且更令人快乐。我们也应该特别指出，那些创造出伟大建筑、艺术品或其他计划之人最初挥霍的确切动机和意图，并不会改变我们对其成果的兴趣与欣赏。金字塔的建造是为了赞美埋葬在塔内的帝王；中世纪教堂是为了赞美上帝；卡耐基图书馆的建造是为了提供珍贵的公共服务。我们或许欣赏卡耐基的慈善动机，胜过帝王下令建造庞大坟冢的自私，或富人建造豪华庄园的虚荣纵欲，但参观坟冢和宫殿可能还是比较有趣。

这个赞扬某些挥霍行为的论点也可延伸应用到对公款的花费。如果政府的任务是促进人民幸福，而幸福之关键是简约生活，那么政府该做的就只是确保每个人拥有基本必需品：安全、粮食、衣物、遮风避雨处，可能再加上卫生保健。但政府的工作显然不止于此。一部分是因为，诚如稍早指出的，在复杂的现代社会被认为是"必需品"的东西远比过去更多。必需品如今还包括教育、供电、道路和其他许多支撑现代生活的基础建设元素。此外，政府也花大价钱资助或补助公园、博物馆、图书馆、艺术馆、歌剧院、太空望远镜、粒子对撞机，以及各式各样的自然科学和社会科学、艺术、人文、运动和流行文化的计划与活动。尽管社会存在数百万穷人，而且多数政府早已欠下庞大债务，他们还是这么做。（在 2014 年末，美国国债大约为 18 万亿美元，而且在持续增加中。）[11] 这些开支可被视为过分且浪费，好比一个人的亲戚穷困潦倒，但他却刷爆信用卡任性地到动物园玩，然后晚上再去看歌剧。但除了艾茵·兰德 [①] 的忠实追随者和其他浸淫于小政府主义意识形态的人，鲜少有人会谴责这些行为是不负责任的浪费。多数人珍惜在文化富饶的环境中生活，因此不认为投注在"文化奢侈品"的公款是应受责备的挥霍。

- **挥霍为生活增添趣味和刺激**

这是挑战哲学家对挥霍的长久不信任的第三个理由。有一幅绝妙的《纽约客》漫画（就是那种简单几笔就道尽一切的超级机智漫画）描绘了比邻的两座墓碑，右边的墓碑上刻着"我生前过着富有但

[①] 艾茵·兰德（Ayn Rand, 1905~1982），俄裔美国人，客观主义哲学的提倡者，畅销小说《源泉》和《阿特拉斯耸耸肩》的作者。在哲学上支持个人主义反对利他主义，在政治上反对集体主义与国家主义，在经济上支持自由放任的资本主义。她的重要支持者包括后来成为联准会主席的格林斯潘。

简朴的生活"，左边的墓碑铭文是一个箭头，指向
"富有但简朴"之墓，箭头下方写着"我被埋在蠢
货旁边"。这种例子很容易让人情不自禁地陷入应
受谴责的刻板印象思考。我们都知道右边的墓埋了
一个男人。为什么？因为从他的墓志铭，我们可以
合理推出他是个无聊、浮夸、自鸣得意的人。因此
是男性。结案。埋在他隔壁的显然是他的太太：批
判、不得志、懊悔，但同甘共苦，不离不弃，可能
既是出于忠心，也是因为依赖。值得我们深入探讨
的是，漫画暗示简约生活是愚蠢的。怎么有人会这
样想？为什么太太满腔懊悔？有个答案显而易见。
因为"富有但简朴的"生活很无聊。这对夫妇的生
活充满了被放弃的机会。他们浪费了生命的精华。
引用诗人奥格登·纳什的话来说：

> 没做过的事，
>
> 无法给你乐趣。

　　如果太太能够再活一次，她会拥有截然不同的
人生：她会到安第斯山脉长途健行，到新西兰玩高
空弹跳，她会站上中国的长城，到坦桑尼亚塞伦盖
提看野生动物，到蒙特卡罗小赌一把，在月光下裸
体泡温泉、抽大麻。

这个反节俭的生活态度是浮士德式的，就像歌德19世纪初的剧作《浮士德》里的主人翁。在歌德的剧中，浮士德把灵魂卖给恶魔，交换最丰富深刻的人生。他对此时此地以外的一切毫不在乎。他渴望亲身体验世上存在的所有人性经验。

> 凡是赋予整个人类的一切，
>
> 我都要在内心体会参详，
>
> 我的精神至高和至深，
>
> 将全人类的苦乐堆积在我胸口，
>
> 于是小我扩展成全人类的大我，不受约束，
>
> 直到我也和全人类一起消亡。[12]

这个态度是贪婪地聚敛，不过对象不是财物，而是经验。拥抱的是截然不同于节俭智者所提倡的一种美好生活构思。节俭智者想要得到平静与满足，浮士德拒绝那样的理想，以交换不那么舒适但更加刺激的生活。

> 即将有种种奇迹发生！
>
> 我要投入时代的激流！
>
> 追逐事变的旋转！

> 让苦痛与欢乐，
>
> 失败与成功，
>
> 尽量互相轮换；
>
> 只有自强不息，才算得个堂堂男子汉。[13]

他甚至宣称，一旦停止焦躁不安地追寻新奇的经验，对拥有的一切感到满足——换言之，当他不偏不倚地实现节俭智者所谓的幸福状态——魔鬼就可以将他的灵魂带走。

> 假如我对某一瞬间说：
>
> 请停留一下，你真美呀！
>
> 啊，你尽可以将我枷锁！
>
> 我甘愿把自己销毁！[14]

满腔懊悔的太太可能不会积极地渴望受苦与受挫。但不难想象她应该会愿意为了创造更有趣的生活（包含几次真实喜乐的高潮）而甘冒风险赌一把。当卡利克勒斯抱怨苏格拉底所谓的什么都不缺的满足状态根本不是幸福，而是像颗麻木的石头——或死尸一具，她内心可能有一部分也点头如捣蒜。[15]

智者们传授安分守己之乐，看照自己心田之乐，与三五好友饮红酒、品奶酪的漫谈之乐。他们背弃新奇、冒险和刺激，这些都会干扰他们对心灵平静的呵护。但另一个理想对多数人比较有吸引力。过山车或许可怕又不舒服，但也使人兴奋。浮士德是代表这一另类理想的虚构主人翁，体现这个理想的现实人物也不少：浪漫主义诗人如拜伦和雪莱，冒险家如斯洛克姆和沙克尔顿，以及成为杰出传记主角的每个传奇人物。表面上，这样的生活方式是合理的选项，是我们熟悉的选项，也是多数人不鄙视的选项。不对这样的生活心生向往反而困难。事实上，长者们通常喜欢吹嘘自己年轻时的浮士德式生活片段，吹嘘自己曾经不顾风险、轻率鲁莽的潇洒人生。因此，西方传统中没几个哲学家为此观点辩护，着实不可思议。在这少数人当中我想到尼采，他在《快乐的科学》中提出以下劝告：

> 获取生活中最丰硕果实和最大享受的秘密在于——冒险犯难地生活！将你的都市建立在维苏威火山旁吧！把你们的船开进未经探险的海域吧！

这是励志之言。但即便在尼采的例子中，这一切都是隐喻（他总是如此）。回到脉络解读这段话，他其实是要人在精神的领域上，也就是在哲学、科学、文学、音乐和艺术方面，冒险犯难，并展现英勇气质。至于生活方式，尼采活脱脱像个不住在修道院的修士。

诚如柏拉图《高尔吉亚篇》中卡利克勒斯的例子所示，节俭朴实和平静生活的拥护者，早在古代就遭人批评。但以猎奇为乐、渴望极端体验且赞扬不安于室的浮士德，整体而言代表着现代性，特别是资本主义精神。这说明了现代读者对传奇的向往，对现代读者而言，每个人都对浮士德感到熟悉，因为那是我们日常生活中所呼吸的文化气息的一部分。的确，现今社会给人一定的文化压力去追求稀有的经验（这些经验往往也颇为昂贵），因为做有趣的事被认为等同于是个有趣的人。因此今人评断财富的价值，通常不是看一个人通过财富能拥有什么，而是看财富使一个人有能力做什么。现代人大多比祖先更有购买力，因为他们的收入高，而且多数商品的价格也比过去低廉。此外，一般收入者拥有的食物、衣物、汽车、电视、音响、电脑、智能手机、相机、厨房用具及其他家用小器具，也不比富人拥有的差太多。开雷克萨斯和开起亚的差别，比起乘马车和只能穿破靴子徒步，可说是微不足道。因此，在今日，倘若你家财万贯，想用炫耀性消费显示自己与众不同，你就必须有点惊天动地的消费——像是买一辆兰博基尼、一艘游艇、一幢水岸别墅——或是创造稀有的经验。拥有最新的 iPad 不会给人留下太深刻的印象。无数商品都已变得稀松平常。但若能对众人宣布自己刚从巴哈马结束一趟帆船之旅，而且即将出发去拜罗伊特欣赏《尼伯龙根的指环》歌剧表演，你便能鹤立鸡群。毫无疑问，在与超级富人相处的极少数经验中，我发现绝对不会冷场的开场白就是问他们最近去了哪里旅行，或做了什么娱乐活动，因为这会让他们能够滔滔不绝地谈论使自己有别于一般人的经历。

心理学家告诉我们，把钱花在度假、远足、社交聚会、音乐会或运动盛事等方面，通常会比把钱花在物质事物上给人更多快乐。[16] 我们总是迅速地适应新战利品，然而美好的回忆是细水长流的愉悦之源。这完全合理，但我们还是要谨记在心，购买经验也可以是一种炫耀性消费。对经验而非财物的聚敛，在今日几乎形同高雅尊贵的标记。攀登珠穆朗玛峰、在阿尔卑斯山间张开滑翔伞、搭乘"维珍银河"进行太空之旅的吸引力，并不单纯在于引颈期盼的快感或成就感。我们对于记录自己旅行与冒险近乎无从控制的需求，显示了内心深处总是想要用丰功伟业引人注意。还有一幅《纽约客》漫画完美地捕捉了人们渴望累积体验的这个方面。一名办公室男子仰躺在椅子上做白日梦，双手抱着后脑勺，双脚翘在办公桌上，露出一抹微笑。你可能认为他正想着逃离公事，或许神游到某个怡人的度假胜地。你错了。一个思绪泡泡为读者揭露了他的幻想。他正想象自己坐在同一间办公室，仰躺在椅子上，双手抱着后脑勺，重点来了：在他身后的墙上挂着一幅装进相框的照片，照片中显然是他度假时去的绝美海滩。他最期待的，不是去到那片海滩，而是能够拿出证据证明他曾经到过那片海滩。由于不工作本身不再是一种荣誉徽章，凡勃伦所谓的"炫耀性闲暇"已被炫耀性娱乐取代。

　　或许被称为"以刺激和冒险为出发点的论点"，是对任何谴责挥霍的论述有力的质疑。塞内卡可能会宣称："如果选择无视自己的邪恶，而不是对之深恶痛绝，任何人都能在生活中找到娱乐、欢乐、消遣。"[17] 但这绝不构成要我们放弃世间真实享受的充分论点。英国菜式的充足，不构成不去尝试摩洛哥或印度尼西亚菜式的理由。如果有钱能尽情享受新奇有趣又令人满足的体验，为什么要裹足不前？同样论点也适用于微小的愉悦。有种人大家都不陌生，就是那种粗鲁不文、白手起家的富豪，即便已不再需要厉行节约，仍拒绝多付超过他接受范围的一分一毫。他甚至对自己持续不辍的吝啬感到自豪，尽管这么做已显得多余。但我们可以主张，他的态度相当没道理。他若想吃点干贝、看个表演或搭火车，为什么要自己放弃这些愉悦，只因某种抽象意义上的"定价过高"，也就是比他所预期的更昂贵，或超过他认为值得付出的代价？在经济拮据时养成的节俭习惯，如今似乎成为他无法摆脱的束缚，即便节俭不再具有任何重要的实际作用。我们在此又看到实践节俭的可能危险：变成一个僵固的习惯，尽管经济条件已不可同日而语，但他的节俭变得像是执迷于毫无意义的牺牲。

- **挥霍增强我们对事物的理解与欣赏**

第四个质疑对挥霍的传统谴责的理由是，愿意花钱和纵情享受能够扩展我们的理解力、欣赏力和表达能力。我们在前文讨论《芭比的盛宴》时有稍微提到这个观念。拿饮食为例。简单菜肴可以是很美好的，当然不能简单到营养缺乏的程度，但纵情于高级美食可能削弱一个人享用相对平凡的餐点的能力。不过，品尝不同国家的菜肴及偶尔冒险尝鲜——新奇的玩意可能不便宜——有助于增进味蕾的敏锐度也没错。令人享受的不仅是变化本身——即便伊壁鸠鲁都承认多样性的好——体验在品质上与样式上范围更广的食物还能产生某种知识。你学会如何欣赏味道、口感，欣赏刚入口可能显得奇怪甚至令人想吐的食物组合（就好像我从英国搬到加拿大第一次品尝沾满枫糖浆的培根与蛋，或是观光者到苏格兰品尝人生第一条油炸玛式巧克力棒）。你也学会区别食物的品质优劣——像是百威淡啤和纯正啤酒之间的差别。由于食物经常是国家和区域文化的重要元素，无论是印度的咖喱、土耳其的烤肉串，还是英国的豆子吐司，人们会因为对一地的烹饪技术越来越熟悉，而增进对该文化的理解。品尝多元菜式的丰富经验，可能也会增进你洗手做羹汤的能力。

类似论点显然能应用到食物以外的事物上。试想音乐。提琴手花 5 万美元买小提琴是愚蠢的挥霍吗？如果她是个平庸的乐手，答案当然是肯定的。但如果她琴艺精湛，次级的乐器可能会限制她的音乐表现，进而限制她和观众们在她表演时的感官享受。花 200 美元买一张音乐会的门票是浪费钱吗？如果你能分辨"超群绝伦"和"只是还不错"的演出之间的差别，或是你希望培养出能够欣赏两者差别的听觉品位，那绝对称不上浪费。不难看出，这样的推论可以在许多生活和文化领域中为挥霍辩解。在前一章，我们指出密集的高档饮食可能导致难以满足于平淡饮食的负面效果。这是真的。但我们也得承认，接触种类更多元和品质更出色的食物——

通常所费不赀——可以扩大我们的品鉴能力范围，进而充实我们的生活。

挥霍可能是责任吗？

除了上述论点，还有另一个更激进的理由，促使我们质疑简朴总是好过不节制消费和奢侈放纵的观点。在某些情况下，挥霍可能是一项义务。

诚如先前指出的，长久以来，人类享受各式各样的奢华展示，从古代的胜利游行和季节庆典到现代奥运会的开幕仪式。对这些费用支出的辩解之词并不仅仅诉诸其所创造的愉悦：这些展示十之八九有重大象征意义。1999 年 12 月 31 日，世界各国纷纷举办盛大华丽的庆祝活动以标志 21 世纪的到来。想象某大国决定大大省下庆祝活动的经费——譬如只请国家元首释放一小盒打折烟火——这个国家肯定会成为全球笑柄，而且该国公民大概不仅会大失所望，还会觉得颜面尽失。国家元首拜访他国首都时，不会预期被带到地方家庭小餐馆用晚餐，接待国的公民期待政府盛情款待外宾。款待不周被认为会使全国上下蒙羞。类似情况也适用于众多机构和组织如何迎宾。太低调节省显得有失尊重；大动作接待则被认为是尊重和友好的表示。人们为其所属的团体感到骄傲，从家庭和家乡到他们的大学、工作场所及其国家。他们一般觉得自己在某种程度上是团体的一分子，而且无疑希望以好的一面示人，他们希望显得慷慨而非吝啬，隆重而非粗鄙。

挥霍被视为履行义务的情况还有很多。旧时代贵族管理着偌大的庄园，里面建有豪宅，居住着大家族，还有农田、马厩和一群猎狗（想象《唐顿庄园》①）。他们很可能觉得自己有义务为家庭仆役、工人、马夫和猎场看守人提供一份工作。实际上没有人真的需要贴身男仆，也没有人需要一群猎狗。可是若地方经济大体依附于少数上层阶级惯常的奢华生活，不难想象这些少数人会觉得有义务继续扮演贵族的角色。而且若他们做出有失贵族身份的事，其他人可能感到失望，甚至有所批评，就好像贫民窟出身的名人一旦闯出了名堂，若穿着打扮不够珠光宝气，可能会使昔日伙伴大失所望。人们希望这些人履行他们被指派的社会角色，社会也在他们身上强加一股不失身份的微妙压力，仿佛公主们就得佩戴钻石，流行巨星们就是要开保时捷。

---

① 《唐顿庄园》（*Downton Abbey*）是一部英国制作的电视剧，从 2012 年到 2015 年共播出六季。内容叙述 20 世纪初住在唐顿庄园的格兰瑟姆伯爵一家人的生活，伯爵苦于宅邸的庞大开支，又要担心自己死后所有的家产旁落他人，因为他只生了三个女儿。剧本生动地描绘了家族成员与服侍他们的仆役及周遭乡民之间的关系。

我们不妨在此强调一下，亚里士多德（诚如先前讨论过的，他不那么赞扬贫穷，而且比起前面几章出场过的多数哲学家，他也不那么质疑财富）在其道德准则中允许这一类的挥霍——用于实践盛大华丽之优点的那种挥霍。[18]盛大华丽在这个意义上涉及奢侈花费，无论挥霍的对象是寺庙等公共对象，还是豪宅或婚宴等私人对象。诚如任何一项美德，这么做必须展露某种智慧。花钱不知节制只为炫富的人是庸俗的。因为减省不必要的钱而未达成能力范围内的好事是吝啬的。企图打肿脸充胖子地作秀是愚蠢的。但对少数富人而言，针对值得的事物有品位且负责任地出手阔绰应被视为高尚的。不过，我们得澄清，亚里士多德并未将盛大华丽推崇为美好生活的必要元素。毕竟，多数人并没有作秀的经济条件。在这方面，盛大华丽和节制、慷慨或多数美德不一样。亚里士多德将盛大华丽收进他的美德目录，不是因为他认为盛大华丽是人人都该渴望的东西，而是因为他希望承认并详细阐明公众对此的观感。如果想得到属于他们的最大幸福，有幸能大搞噱头的人就盛大华丽地生活吧。但没能力过盛大华丽的生活，绝非像生病或没朋友之类的不幸，因为幸福并不需要盛大华丽。

义务性的挥霍也是送礼仪式的特点，像是太平洋西北地区某些美洲原住民部落实行的"夸富宴"（potlatch）。夸富宴可以是经济体系的一部分，财产增加的人在夸富宴上重新分配财富给需要的人。也可以是一个竞赛活动，个人、家庭和部落试图借由捐出比对手更多的财产来提高其地位。有时候炫富者甚至把消灭财产作为展示优越性的手段。在此情况下，拥抱节俭的道德标准和体制价值作对，也会被视为怠忽社会责任。

然而，根深蒂固的社会传统与期待使人觉得有义务挥霍，并不能证明此处谈论的挥霍是合理的。诚如前文讨论功利主义对挥霍的批评时提到的，即便是根深蒂固的传统和惯例也是可以批评的，最显而易见的理由是有违公众福祉。当国家元首或政府高级官员或国有单位齐聚一堂，纳税人为何得为隆重仪式、奢华住宿、头等舱、昂贵宴会买单？柏拉图的《理想国》提供了一个截然不同的模型，根据这个模型，公仆必须过简单的生活——强制施加这个条件，不仅能避免不适合的人怀抱不良居心踏入政坛，还能确保掌权者专注于国家要事，不受干扰，也不会堕落。[19]过去两千年的政治史，一再证明柏拉图的担忧并非毫无根据。国家场合的重要象征意义，以及一切权力的标志应该被用来传达不一样的价值，像是同情并致力于帮助不幸之人。贵族庄园转变成工人合作社，仍然可以提供许多就业机会。招摇华丽可以常态性地被斥责是肤浅的征兆。节俭哲学鼓励我们探索这些批判的观点。

尽管如此，多数人或多或少都曾感受到必须避免节俭的某种道德压力。送礼就是个显而易见的例子。送礼可以是个复杂的社会互动，我们可能基于种种原因觉得有必要违背自己的信仰或习惯：我们可能是根据已收到或可能会收到的礼物价值礼尚往来；或是不得低于过去曾送给别人的礼物；或许因为送礼的场合只允许送特定的礼物；或许我们觉得有必要和其他送礼者旗鼓相当；或许只是因为我们不想让收礼者失望。

一个值得探讨的相关现象是某些人对赠送（或收受）二手礼物的反感。赠送二手物品对典型的小气鬼来说显然不是个问题。事实上，这么做十分合理：不但省钱，而且比自己所能负担的礼物更好。怎么会有人反对呢？这当中可能透露出对纯正的、不受玷污的事物的偏好——原谅我直说，其实就是偏好"没被碰过的"（virginal）。有些人可能觉得二手礼物散发着一股羞愧气味，毕竟二手物品可能被视为没能力购买新品的标志。但现代人对二手礼物敬而远之最普遍的考虑，大概是出于礼物本来应有的象征意义。礼物有传达情感之目的，这是一般人所认为的礼物的正规意义。尽管把礼物的货币价值直接转换成所传达的情意是相当麻木的举动，我们还是不免把礼物的金钱牺牲与其象征性价值挂钩。没有意外的话，越昂贵的礼物牺牲越大，收礼者是这么认为的。相较之下，购买二手物品会让人以为你在表达心意时还想要省钱，有些人觉得这样的念头很差劲。

另一个很多人觉得有义务挥霍的情形是受邀出席特殊庆祝场合时，像是婚礼、犹太成年礼或生日会。特别是婚礼，似乎鼓励一种"绝不手软"的态度。平民百姓显然做不到印度钢铁大亨拉克希米·米塔尔用7800万美元（他订下凡尔赛宫举办婚宴）嫁女儿的那种挥霍。但有鉴于2012年美国人的婚礼平均花费超过2.8万美元（曼哈顿则是超过7.6万美元），而同年的家庭平均年收入为4.5万美元，可见许多人为举办盛大婚宴不惜倾囊尽出。[20]这些不惜砸大钱的人，在某种程度上比名人更加挥霍，因为这对他们而言是比较沉重的负担。他们在奢华纵欲的程度上或许显得比较不挥霍，但在轻率的意义上是更挥霍的。富兰克林绝不会赞同把数千美元花在坑钱的衣服、小珠宝首饰和彻夜派对上，这些钱应该拿去清偿信用卡欠款或付房屋首付。

人们为什么要这么做？一部分大概是出于人

一遇到爱情就被冲昏头的逞能传统。财务的牺牲也许愚蠢，但愚行展现了热情和承诺。这个观念被书本、电影和电视剧的无数浪漫爱情故事彻底吸收。爱是盲目的强烈情感，对未来满不在乎，不惜成本，而且总是为所欲为。对照之下，化为谨慎节俭的智慧可以被解释为提防、怀疑和爱火将尽的征兆。这说法的真实性毫无根据。（同样的，也没有任何坚实证据支持批评挥霍者经常提出的说法，即一段婚姻的成本与其长度成反比。）但逞能的传统和其他文化惯例与期待结合，无疑能创造一种义务感。《完美的一天：销售美国式婚礼》的作者丽贝卡·米德表示："如果试图节省开支，你会觉得愧疚，仿佛这么做使你的爱变得廉价。"[21] 在办婚礼这件事上小家子气，避免所有昂贵的奢华排场，一不小心就会使很多人失望，甚至受冒犯。在一个人的身份、地位和荣誉与其家族紧密联系的特定文化中尤其如此。在很多社会里，会使钱包大出血的不只有婚礼仪式本身，嫁妆就是很好的例子。举例来说，男女方父母都期待对方拿出大笔嫁妆，如果没有端出足够的嫁妆可是会使家族颜面尽失。[22]

　　然而，理解这个心态，不一定代表接受或赞成这个心态。对于在礼物、婚礼和其他事务上的私人挥霍，和对于国家官员的挥霍，皆不乏加以批判的合理依据。因举办奢华结婚庆典而长期背负大笔债务的人，当初还是应该抵抗使他们陷入债务危机的传统。有经济能力花大价钱送孩子礼物的人应三思而后行，稍微想想这么做对收礼者的性格以及他们与收礼者之间的关系所产生的微妙影响。他们也可以思考自己的所作所为将如何通过同侪压力，提高某些人的物质期待或渴望，导致另一些人的不满。在此，节俭支持者提倡的观点，形同批判视镜，帮助我们检视众人行为（包括我们自己的行为）和影响众人行为的惯例。

第六章　现代经济中的简朴哲学

> 经济成长是幸福的原因之一，GDP 成长应继续被当成政策目标……GDP 作为幸福计量单位，在很多方面无疑是有缺陷的统计数据。但任何替代工具也都会有缺陷……使用众所周知的 GDP 统计数字时，至少我们知道自己面对的是什么。
>
> ——戴安娜·科伊尔，《高尚的经济学》

我们已知在思索美好生活本质的丰富哲学传统中，举凡从苏格拉底到梭罗等智者皆同意，节俭朴实的生活，是比奢侈和挥霍的生活更好的选择。在这个传统中，奢侈和挥霍的拥护者少之又少。节俭和简约生活被认为能促进美德与守护幸福。财富、聚敛和纵欲不被信任，因为对人的个性有负面影响，而且往往未能实现所承诺的幸福。哲学家向来忽视另一阵营的许多论点，但有些论点相当显而易见，而且无疑说服了数百万人。节俭有滋生吝啬的风险；节俭限制了对刺激、冒险，以及多样化或有趣体验的追求，而且简约生活很容易使人变成一潭死水。财富提供安全感和闲暇，增进人的自由，并拓展可得愉悦的范围。新奇和奢华本身就充满趣味，使人培养出更精致的鉴赏力。野心是个人成就的基础，贪婪刺激经济增长，挥霍不仅驱动许多经济活动，而且创造出许多世上最不可思议的文化与文明成果。在某些特殊状况下，挥霍甚至被认为是一种道德义务。

经过一番探讨，我们不禁怀疑节俭智者的智慧（起码有很大一部分）或许已不合时宜。佛祖、耶稣、伊壁鸠鲁、爱比克泰德、塞内卡、波爱修斯和其他人的智慧箴言读来如沐春风，令人忍不住赞同分享。但也许他们的建言大多比较适用于前现代时期，当时大部分人的处境和今天有天壤之别。

最明显的差别是，现代社会歌舞升平，所有人的生活比起过去都更安稳。人类的预期寿命从史前时代到起码19世纪为止都比今天短很多。婴儿与幼童夭折很常见，女人死于生产也时有发生；在没有抗生素的时代，任何年纪的人只要轻微感染和受伤就可能丧命；科学、科技和政府计划对遭遇天灾、意外、疾病和其他不幸之事的保护不如今日；闹饥荒时有所闻；统治势力经常残暴不仁；暴力犯罪比较普遍；绝大多数人没有充分且可靠的司法保障。在这些情势之中，当多数人觉得自己易受哈姆雷特所谓的"心头的创痛，以及其他无数血肉之躯所不能避免的打击"①，节俭拥护者提出的目标和价值，当然显得颇有道理。中世纪欧洲的典型农民，或内战前北美的农场主人，或任何试图在艰苦条件中求生的人，大概会满心欢喜地接受寿命相对长的生活，不仅基本需要获得满足，而且远离自然、疾病、贫穷、不正义或战争造成的灾难。他们最大的希望，他们每天祈祷的，是免于灾厄，以及有面包可吃。但在今日富裕社会里多数人享有的物质安全感，使这样的人生观显得不争气到应受责骂。个人悲剧还是可能从天而降，可是相较于过去，悲剧发生的频率大幅降低，这主要是拜医疗科学的长足进展所赐。我们再也不用担心受点小伤便会引发致命感染，或因为发烧就担心性命不保。在这样的前提下，也难怪当我问学生们能否满足于伊壁鸠鲁理想的节俭朴实和心灵平静时，多数学生都觉得他的理想有所不足。这样的生活显得单调，甚至无趣。他们对生活的期待和渴望，远不止一杯葡萄酒、一点面包和奶酪，以及一同分享的三五

---

① 这段话出现在《哈姆雷特》第三幕第一场的开场白，其中第一句就是著名的"生存还是毁灭"（To be, or not to be）。哈姆雷特在这段独白中苦恼着是要默默地忍受命运，还是要挺身反抗。他说："死了；睡着了；什么都完了。要是在这样的睡眠之中，我们心头的创痛，以及其他无数血肉之躯所不能避免的打击，都可以从此消失，那正是我们求之不得的结局。"

好友。

促使人提高期望和渴望的第二个今昔重大差别是，比起历朝历代的先民，今日绝大多数人拥有更多的职业机会。"你长大想要做什么？"在过去基本上是个没意义的问题。多数职业都不在女人的选择范围内。不识字的农场工人很难对从事其他职业有什么期待。今天的情况可说是截然不同。我们不能否认现今美国社会存在一种夸大社会流动性的普遍迷思。但迷思会影响一个人的态度，其影响力不亚于任何信仰。倘若一个人相信自己可以成为平民总统，自然很难满足于当个平民。我们也不能否认在最近几十年，特别是自2008年经济衰退以来，许多人亲历惨淡的就业前景，即便在相对富裕的国家亦然。但如果我们把时间轴拉得更长来看，一定会注意到今日社会和二战前社会之间的差异。在二战前的任一时期，能够考虑念大学或追求职业生涯的工人阶级远少于今日。

迈向更平等社会的变迁、社会阶级距离的缩短，以及根深蒂固的种姓制度的局部松动（同样的，此处使用的时间轴覆盖好几个世纪，不止过去几十年），无一不鼓励个人抱负，而且父母、老师、毕业典礼演说者、雇主和各种商业利益不断地刺激这份抱负。我们从小被教导要设定远大志向，追求梦想，发挥所有潜能，做个有抱负、有理想的人。在体育、政治、商业、娱乐和科学领域中，我们被鼓励崇拜的文化榜样都是力争上游的人，而不是满足于一成不变、箪食瓢饮的人。安分守己不再像过去那样被推崇。

在今天和不过一世纪前的世界之间——都别提伊壁鸠鲁生活的时代了，另一个巨大且有意义的差别是，今人享有过去望尘莫及的各种娱乐消遣。过去一百年左右，娱乐消遣已超越任何人预期的速度不断变革与成长，就连相对贫穷的人也能享受娱乐。这绝对是发生在现代最重要的文化革命之一。伊壁鸠鲁在世时可能满足于一壶葡萄酒、一盆奶酪和能谈天说地的朋友，但他的时代没有电视、电影、推理小说、古典交响乐、爵士乐、摇滚演唱会、世界杯、超级杯、迪士尼乐园、电子游戏、跟团旅游、滑雪、保龄球、泛舟、艺术馆、科学博物馆和法式餐厅。上述某些娱乐可能超出我们的经济能力，像是出国旅游或现场观看重大体育赛事；但还有很多娱乐其实并不花钱，而且几乎任何人时时刻刻都可以从事。如果愉悦像伊壁鸠鲁说的一样好，人们怎会不想尝尝世上五花八门、多到数不清的愉悦呢？

这一切发展，特别是人身安全水平的提高、职业机会的增长，以及休闲娱乐选项的增多，普遍被视为美事一桩，这么想也的确没错。但同时也开启了各种不满，就是斯多葛哲学家警告过我们的那种问题。随着失去至亲至爱或彻底绝望的可能性下降，我们对运气倒退的痛苦忍受力也降低了。随着在教育、职业、社会和财务方面自我提升的可能性扩大，我们越来越容易对卑微的处境感到不满。随着唾手可得的娱乐消遣自助餐越来越丰盛，人们变得很容易感到倦腻，把很多事当成理所当然，不再觉得简单愉悦有吸引力，甚至对不平凡的愉悦都变得相对麻木。从小习惯看好莱坞电影、电视剧，打电子游戏和上网的小孩，不太可能因为马戏团进城表演而像 19 世纪的人那样兴奋，对后者而言，那可是一年一度的难得盛事。

除此之外，有个事实显而易见，尽管人人都能享受这些新形态的娱乐，但其中很多是需要金钱购买的消费型娱乐。确实，消费行为本身在今天就是一个重要的娱乐消遣。因此，所有可购买的愉悦，如今形成一股强大诱惑，把人拉进以赚钱和花钱为重心的繁忙生活。诚如乔安娜·席拉在《工作，承诺与背叛》中所指出："消费创造了工作的需求，即便人们对工作兴趣寥寥……市场以超过人们经济能力或闲暇时间所能负担的更多休闲选项引诱人们。"[1] 结果就是，人们不断地在多台跑步机之间切换：追求幸福的享乐主义跑步机、必须从事炫耀性消费的地位跑步机，以及为资助自己能够使用另外两台跑步机的工作跑步机。

矛盾的是，降低节俭和简朴吸引力的某些因素，也重燃人们对简约生活理想的兴趣。很多人认为现代社会的活力振奋人心，但同时也有不少人觉得这股活力对人产生威胁、使人困惑或精疲力竭。多数人大概两种反应都有。现代性的特色是持续不断的变化，导致不稳定性、不可预期性、复杂性和困惑随之而来。科技的迅速变革便是最明显的例子，而持续变化则影响了雇主和雇员、父母和孩子、老师和学生之间的社会关系，以及我们和服务提供者、邻居朋友和陌生人的互动方式，也影响了我们购物、做研究、沟通和旅行的方式，还有小孩玩耍的方式，以及长者面对临终阶段的方式。因此，也难怪人们经常对生活简单的往昔心生怀念。对简朴的怀旧并非新鲜事。事实上，这几乎是简朴拥护者的预设态度。这种关联值得更深入的探讨。

简朴的怀旧吸引力

怀旧本身是个迷人的现象，作为个人经验，以及作为各种文化的口头及书面文学传统反复出现的母题都非常普遍。我们都听过长者喟叹今非昔比，尽管物质生活水平有显著的提高——或者他们的抱怨正是因为物质进步。25岁以上的人大概也都做过类似的事，美好回忆多数时候都是在形容生活曾经多么单纯，即在第一章探讨过的那种单纯。举例来说，人们回忆自己如何省吃俭用、和自然更亲近、相对自给自足、日常生活不那么复杂，以及满足于朴实的愉悦。基本上就是认为过去的生活因为比较简单所以相对美好。

但对简朴的怀旧并不局限于个人缅怀。这也是各文化的口头与书面文学传统中反复出现的母题。简朴怀旧在宗教、哲学和文学领域，经常化作对某个尚未被玷污的过去或某个幸福崇高的黄金时代的遥想。《圣经》对亚当与夏娃在天堂的描述是最佳范例，类似例子不胜枚举。希腊诗人赫西俄德在2500年前抱怨，他所处时代的生活条件和最早期人类［"黄金人类"（golden race of men）］居住的世界相比简直可悲。他们"不知劳苦与悲伤为何物……因为丰饶大地自然地、不受逼迫就结实累累"。[2]罗马诗人奥维德（公元前43年至公元17年）也描述了类似的黄金时代。

> 大地之母会自己生产
> 丰盛的各种果实。

> 她不受耙的碰触，
>
> 犁铧也不毁伤她的田。
>
> 人类满足于土地的赐予，
>
> 没有人强求更多，
>
> 人们采树上的浆果
>
> 以及山上的野草莓。[3]

这些诗句不仅强调人不用劳苦耕作，而且不使用工具，还强调够吃就不再要更多的观念，以及与自然和谐共处的概念。在这无忧无虑的世界根本不需要法律，因为"自发性的正直无所不在"。

前文曾引述很多俭朴智者皆对这一主题有所贡献。举例来说，塞内卡回顾了一个更快乐的时代，并诊断了这个时代消失的原因。

> 建筑师和工人出现之前的时代是快乐的。急剧增长的奢华使人们开始劈砍木块（和各式各样不必要的多余装饰）。茅草保护自由人；大理石和黄金之下住着奴隶。[4]

波爱修斯提出上溯至史前时代的典型怀旧范例。

喔，快乐的失落的远古时代
心满意足地享用忠于自然的果实，
不知懒散的奢华为何物。
时间未到，他们不进食
他们吃的橡子随处可见，
不知道制作蜜糖葡萄酒
的微妙之处，
也不知道如何用帝王紫
为闪亮的丝绸上色，
有草皮就有健康的睡眠，
有流水就有健康的饮水；
人类不四处劫掠，
也不航海行船
载着商品到异国海滨。
战争号角在那个时代安静无声……
我们的时代如今是否能回归
那样纯净的生活。
但拥有的欲望如今
燃烧得比埃特纳火山的烈焰更炙热。[5]

　　我们又遭遇类似主题：亲近自然、满足于简单愉悦、没有奢侈品、缺乏聚敛的欲望，以及道德纯洁。拥有超过必需的渴望，使人们从与自然和谐共处的生活，转向企图"四处劫掠"的生活。莫尔在《乌托邦》所描述的社会，在很多方面类似塞内卡与波爱修斯记忆中的社会，没有财产、奢侈品以及随之出现的邪恶。怀念无忧简朴的失落世界最雄辩滔滔的代表可能是卢梭。在《论人类不平等的起源》中，他想象自然状态下的人：

> 我看见他在橡树下止饥，一见到溪流就饮水解渴，在提供他食物的同一棵树下就寝。如此他便心满意足。[6]

这是巩固卢梭道德和政治哲学的想象。他相信"野人"与自然和谐相处的重要性。我们认为的文明人性存在于堕落后的世界，而这都要怪人类本身。

> 几乎一切厄运都是我们亲手造成，而……我们本可以通过保存自然为我们量身定做的简单、一致且独居的生活方式，避免绝大多数厄运。[7]

卢梭的想象有点古怪，他竟认为人类会因"独居的生活方式"而快乐，但他和多数人一样，认为幸福的关键是有限的个人需要："他的渴望不超越他的身体需要，他在世间只知道三样东西，营养、女性和小憩。"[8]（换句话说，晚餐、做爱、隔天晚点吃早餐。）当人们开始渴望奢侈品，塞内卡和波爱修斯看见不满足的种子被播下，卢梭则是谴责私有财产制的出现。私有财产导致劳动分工，分工降低自给自足性，专业化的提升导致更依赖省力装置。卢梭形容这些趋势是未来世代的邪恶之源，因为会有更多的商品被生产出来，而人们会试图取得这些商品，越来越习惯拥有这些商品，而且讨厌没有这些商品。他肯定不赞同智能型手机，这么说大概不会错。

有趣的是，对简朴的怀念不仅限于老人；有时候还发生得意外地早。鲍勃·迪伦在22岁写的最早期歌曲之一《鲍勃·迪伦的梦》，正是这种怀旧情感的经典。歌手诉说他梦见过去的快乐时光，他和友人们围着老柴火炉消磨时间，闲聊、大笑、讲故事与唱歌，除了眼前的快乐和彼此的陪伴什么都不奢求。这份幸福的关键在于他们的生活、道德、物质和抱负一点都不复杂，并因此创造了难得的团结。诚如怀旧感本身，这首歌是矛盾的：既颂扬又抱怨逝去的东西。但主要的心情是悲伤和懊悔，特别是在歌曲的最后。歌手愿意放弃任何数量的物质财富以挽回过去的简约生活，但这段抒发和他知道自己的愿望只是徒劳密不可分。不过，我们不该忘记歌曲描述的内容是个梦，这个框架保留了回忆只是幻想的可能性。

田园景色也一直是视觉艺术家钟爱的主题，他们受到吸引的原因大概和诗人并无二致。这种怀旧在西方艺术中也不独特。值得注意的是，在城市化与工业化发展迅猛的今日中国，餐厅墙上悬挂的或卖给游客的复制画，最多的是描绘自然景观，画中若有人类的踪影，肯定是穿着蓑衣静静坐在河边钓鱼的老者。

怀念更简单、更稳定的日子，绝对不局限于哲学和艺术。这是无所不在的一个现象，有很多各不相同的表现方式：政治家怀念国家误入歧途之前的时代；老师回想过去的学生多么好学又懂得尊师重道；双亲记得自己小时候整个夏天都在户外玩耍而不是守着电子产品。但就像迪伦的梦，这些往事很可能被美化了，因此必须用怀疑的眼光检视。腐败和野蛮无礼不是政坛的新鲜事。如果孩子既尊师重道又唯命是从，那大概是因为长辈对犯错的惩罚毫不宽容；他们待在户外玩的时间这么长，是因为家中成员太多导致空间拥挤狭窄。没错，老福特汽车抛锚时，你可以用尼龙袜和圆珠笔立即解决问题，而今天的汽车则像是长了轮子的电脑，需要高科技维修，不过如今汽车抛锚的可能性远比过去要低。

人们很容易因为自己的生活和世界不再简单而感到不满——举凡从例行公事、人际关系、经济条件到生活风格。倘若事情激烈又迅速地变得复杂，伴随失望而来的丧失感基本上会更普遍且更明显。因为诚如马克思指出的，持续变化是现代性的决定性特质，可以预期会引发对纯朴时代的渴望，不仅有很多文学作品抒发这样的渴望，从某些人慎重的生活风格选择也可窥知一二：精简、放慢步调、回归土地、自己耕作粮食、选择自给自足而不是消费主义、试图保存或复兴如提篮编织和棉被制作等传统技艺。类似动机促成"慢活运动"（Slow Movement）的兴起，这是人们试图以各种方式对抗现代生活的疯狂步调的总称。这个潮流的实例包括慢食（Slow Food）、缓慢城市（Slow Cities）、缓慢性爱（Slow Sex）（全都发源于意大利）、树懒俱乐部（日本）、时间减速社团（奥地利）和今日永存基金会，细节可见于卡尔·奥诺雷的《慢活》。[9]

出现在近乎所有"返璞归真"运动中的怀旧元素招来两项批评：一是批评与之相连的哲学观点是基于对过去不客观的美化，二是批评这么做不适合现代世界。对怀旧的不信任情有可原。尽管现代生活方式无疑造成了各种形式的异化——像是与自然、工作、传统和社群有关的异化——和自己所属时代及文化的疏远也是一种异化。某些领域有特别显而易见的例子。想成为一个好的科学家必须熟悉最新发表的理论、发现和科技。当今最重要的艺术家和作家都是在与同代人进行某种对话，他们的作品都是在谈论当代议题。一个会读书却不看电影的人，或是听古典音乐但对最新的音乐类型一无所知的人，鲜少会有人欣赏他。类似论点也适用于生活方式。比方说，"脱离电网"的生活可能限制我们去理解和参与自己所置身的世界。

　　另外，简约生活的拥护者可以回应这个批评，指出与当代文化最糟糕的方面有所疏离并不是坏事——像是唯物主义、消费主义、个人主义、盲目的技术崇拜、肤浅的享乐主义，或名人崇拜。任何有充实生活可言的人丝毫不会，也不应该在乎今天下午网络上全是关于金·卡戴珊整形的最新八卦。[①]　数

---

① 　金·卡戴珊（Kim Kardashian）是帕丽斯·希尔顿（见第五章）的好友，两人都因性爱录影曝光而爆红。事件过后不久，卡戴珊一家人就成了电视真人秀的主角，金开始经营多项以自己的名字命名的商品。金曾跟 NBA 新泽西篮网队的克里斯·亨弗里斯结婚，不仅婚礼前发表了"金·卡戴珊之爱"的香水，婚礼的准备工作也成了真人秀的特别节目。但这段婚姻只维持了短短 72 天。

百万人吃垃圾食物、看垃圾电视剧、买大量不必要的物品，然后浪费过多时间当低头族，不代表人就该如此生活。从简约派的角度来看，他们不是在拥抱沉湎于怀旧的过时哲学，而是在支持价值的重新导向，若社会能够采行这套价值，将有助于使人活得更快乐且更有意义。

怀念前人的做法还有一个重要的正面意义不该被忽略。有时那是源于一股想要与祖先产生联结的渴望，想要和旧世代的日常活动和生活模式产生联结的渴望。建立这个联结令人满足，尤其是当一个人也正在传递某种知识与经验给下一代时，这种行为展现出某种尊重、某种忠诚，这么做能维系人类血脉，使个人感觉属于某个更宏大的存在，有点像祷告或参与传统仪式的效果。这正是人们唱传统歌曲和讲述古老民间故事给小孩听，把小时候玩的简单游戏代代相传，自制枫糖浆而不是到超市购买，抑或每年到同一个地方度假而不是造访陌生异乡的原因之一。

★ ★ ★

诚如我们在前几章所见，节俭朴实的支持者和浮士德式冒险、享乐、权力或获利的追求者之间的辩论，早已不是一两天的事。在柏拉图写于 2500 年前的《高尔吉亚篇》中，苏格拉底和卡利克勒斯的意见冲突，确立了某些主要论点和分歧点。往后的讨论皆以此为基础，而且多数时候着重探讨哪种生活方式和观念模式最有可能使人快乐，另有一些是关于道德德行与社会福祉的附属讨论。哲学界同人总是一贯地支持苏格拉底，主张个人和社会拥抱节俭价值时更加快乐且品德更高尚。然而，有些论点直到近期才出现，在资本主义和工业化时代到来之前，人们压根没想到这些论点。其中有两个论点尤其重要，虽然彼此对立：一个论点主张如果节俭被大规模实践，会对整体社会产生可怕的经济后果；另一个论点主张社会迫切需要大规模转向简约生活，以免对地球的自然环境造成更多不可逆的伤害，并阻止潜在的灾难性气候变迁。我们接着将探讨第一个论点，并于下一章讨论第二个论点。

经济增长和幸福

反对节俭的经济论点简单易懂。经济繁荣使人更快乐。繁荣来自经济增长，经济增长需要人们不要太节省。因此，若一定数量的人采行节俭朴实哲学，对经济会是场大灾难，导致很多人变得比较不快乐。

我们在第四章提过，这个论点源于 18 世纪思想家曼德维尔和亚当·斯密等人的作品。资本主义的到来加速了社会价值的转变。就其刺激经济活动增进公共福祉导致成果雨露均沾的层面而言，传统上的性格缺点——像是贪婪、贪财、聚敛、挥霍或喜爱奢华等特质——如今被视为正面的。这世界从来不乏一边宣扬基督教克己伦理，一边追求与享受财富奢华的伪善。但直到活跃的市场经济（因人口增加而迅速增长）、全球贸易、现代金融和工业化出现，基督教自诩的道德价值和社会的经济需要两者之间的对立才变得极为紧绷。

在今日，绝大多数经济学家、政治理论家和政治人物都直接假定经济增长是好事。诚如经济学家戴安娜·科伊尔所言："现代世界几乎每个社会都把创造经济增长视为要务。"[10] 这似乎是世上多数人想要的，没有哪个主流政治人物（无论是否出于民选）会以反对这一目标为己志。

自二战结束以来，测量经济增长最重要的统计数据就是国家的国内生产总值（GDP），GDP 指一个国家在一定时间内所有商品和服务产生的货币价值。从 GDP 被引进经济论述开始，包括许多经济学家在内的很多人总担忧这个数字可能会有误导之虞，甚至可能会被滥用。这可能给人与实际情况不符的不正确观感，因为很多经济活动并没有被列入计算，例如育儿这类无偿工作，保姆这类未申报工作，从自己种菜到自己盖房子等亲自动手做的工作，还有以物易物、黑市交易等。未列入计算的经济活动越多，GDP越可能被严重低估。近年来，从制造业转型至服务业和信息处理业的经济体中，正确估测GDP的问题甚至更加棘手。教学、护理、新闻、数据分析、社工等领域的工作，该如何用生产力和货币价值估量呢？

然而，对经济政策着眼于GDP的更根本反对在于，这个数据和个人或整体社会的福祉并不一定相关。很多有助于提高GDP的东西——像是促进建设的自然灾害、需要医疗的疾病，或刺激监狱建造和警铃销售的高犯罪率——本身是极不受欢迎的。此外，较高的GDP所代表的财富增长可能分配极不平均，在这种情况下，GDP增长对多数人的生活没什么影响。举例来说，从1999年到2013年，美国的人均GDP增长了约25%，但家庭年收入中数在同一段时间里衰退了8.7%。[11] 即便GDP增长确实反映了总体物质繁荣的进步，社会科学家仍对GDP增进整体幸福水平的程度有分歧。[12] 反对以GDP引领国家政策的人，把他们眼中多数经济学家和政治人物对GDP的错误执念，比喻成只注意汽车仪表盘上的时速指针，而无视测量油量、引擎温度或油压等重要数据的其他仪表。[13] 有些人甚至论称，过度重视 GDP 在很多领域成了进步的主要障碍，包括物质繁荣在内。[14]

基于这些原因，人们提出无数不同于 GDP 的社会福祉测量工具。其中一个相当引人注目的数据是不丹政府率先提出的国民幸福指数（Gross National Happiness Index）。另外还有人类发展指数（Human Development Index），强调预期寿命、教育和生活水平，以及社会进步指数（Social Progress Index），把健康、安全、可持续及个人自由等 52 项指标纳入考虑。然而，尽管外界提出这么多批评与疑虑以及各种替代指数，GDP 仍受到经济学家和政策制定者的重视，因为这个简单数字，尽管有过分简化的弊病，却提供了某种将各国拿来做比较的基本单位。而且 GDP 和国家总体福祉之间有一定关联的假设也不是凭空捏造。一般而言，人均 GDP 最高的国家，在其他正面指数上也名列前茅，而人均 GDP 相对低的国家则通常不然。以下是科伊尔的高见：

经济增长是幸福的原因之一，GDP 增长应继续被当成政策目标……GDP 作为幸福计量单位，在很多方面无疑是有缺陷的统计数据。但任何替代工具也都会有缺陷，遑论对很多国家而言，可能更难搜集与测量；使用众所周知的 GDP 统计数字时，至少我们知道自己面对的是什么。[15]

在一个更大的关于价值和目标的哲学讨论中，以 GDP 或人均 GDP 作为个人或社会福祉的指标是否有用，只是个技术性问题。一方认为物质繁荣是幸福之钥，因此相信经济增长应被当作社会政策的主要、通盘目标。另一方是为数不少的批评者，诚如前几章中所说，这群人隶属一个古老传统。有些人强调其他善（goods）的重要性，诸如正义、自由、平等、自主性、安全、健康和教育，阿马蒂亚·森和约瑟夫·斯蒂格利茨属于此列。其他人则质疑把财富预设为与福祉有关，理查德·伊斯特林和格雷格·伊斯特布鲁克属于此列。伊斯特林的研究提出所谓的"幸福-收入悖论"（happiness-income paradox，又称"伊斯特林悖论"）。悖论在于，尽管在某个社会的某段时间里，富人一般比穷人更快乐，但从地理或历史比较中却看不到收入与幸福的明显联结。富国的人民整体而言并没有比相对不富裕（但没到贫穷）国家的人民快乐。尽管二战后 30 年内美国人均收入稳定增长，报告也并未显示 20 世纪 70 年代的人比 20 世纪 40 年代的人更快乐。[16]

这些主张无疑会引发争论。举例来说，科伊尔写道："关于幸福与增长的新常识是错的。增长确实使我们更快乐，经济衰退造成的不幸福或许就是显而易见的对照。"[17] 但伊斯特林与其他人反对这一论点。他们同意经济的上下波动在短期内会对报告的幸福程度产生相应的影响。但长期来看，悖论依然成立，而且过去 40 年取得的数据持续支撑这个观点。举例来说，1999 年到 2005 年，韩国和智利全都经历了高经济增长率，以及人均收入增长，但报告的生活满意度并未提升。[18]

过去数十年，社会科学家对幸福的条件和分布做了大量的有趣研究。"幸福经济学"如今已是经济学的一个领域；"正向心理学"成为心理学领域内的显学。然而，定义、研究发现、阐述、解释和结论仍未有定案且众说纷纭。测量快乐的惯常方法（基本上就是询问一个人觉得自己有多快乐）尤其令人感到不确定。反对该方式者认为人的主观感受不一定可靠，也不容易进行比较。有些人可能希望展示快乐的状态，或觉得有义务这么做，或在评估自己的状态时自欺欺人——正如人们经常开玩笑说，婚姻不幸福的夫妇不胜枚举，他们只是没意识到而已。而且用来形容感受的词汇内涵可能相去甚远，被问到过得好不好时，一个人说"没得抱怨"可能和另一个人说的"棒极了！"反映的是同样心境。

尽管如此，特定结论如今逐渐确立并被广泛接受。卡内曼和安格斯·迪顿是这个领域的杰出研究者，他们从包含 45 万美国居民的盖洛普民调数据中得到以下结论。[19] 他们发现收入和主观福祉的联结，会因受测者的主观状态而有差异。主要可区分为"情感福祉"和"生活评估"两大类。情感福祉，或称经验的幸福，指一个人日常的感觉，像是开心、愤怒、无聊、愉悦、焦虑或投入。根据这项测量尺度，比较快乐的人，是在快乐的频率、程度及持久度方面水平较高的那些人。生活评估则是取决于人们如何回答"你对目前生活的整体满意度有多高？"这个问题。

一如许多其他研究显示，盖洛普数据揭露人的情感福祉会随家庭收入的增加而增加，但只会增加到某个程度。脱贫、达到相对安全的物质舒适度，可大幅改善主观的日常生活品质。但更高收入的正向影响，从年收入 7.5 万美元（2010 年的美元标准）起逐渐减弱。一旦超过这个门槛，额外的金钱作用就不大了。生活评估的情况就不同了。如果纯粹看家庭收入增长时，其正向影响似乎随着人们变得更富有而缩水。因此，对年收入已达 20 万美元的人而言，每年额外的 1 万美元收入对其生活满意度几乎没有帮助，但是对每年仅赚 5 万美元的人来说，其生活满意度却会大幅提升。不过若检视并比较收入增加的百分比，则每个人的生活满意度似乎都提升至相同程度。也就是说，收入增加 50% 对赚 10 万美元的人，和对赚 5 万美元的人而言，在生活评估的效用上是差不多的。

多数社会的人们都很重视自己在社会上的相对地位，这似乎是一个被广为接受的观念。因此，即便每个人在客观方面或绝对值上都过得更好了，如果在社会阶层的位置没有改变，他们也不一定会对生活感到更满意。[20] 几乎没人买得起汽车的时候，很少人会因没车而不快乐。可是当一个人身边的同侪几乎都有车，有车变得稀松平常时，买不起一辆车就成了不快乐的来源。同样的，住 140 平方米的房子然后周遭都是类似大小的房子，一般而言会比住 180 平方米的房子但周围都是豪宅更使人快乐。其他灵长类动物也会在乎相对的社会地位，有些人因而认为这可能是演化的结果。这也为幸福—收入悖论提供了一个合理的片面解释：如果生活周遭的人也有同样的进展，增加收入和购买更多东西并不会使我们更快乐，因为我们的相对社会地位维持不变。另一个解释主张，对我们最重要的东西无须靠巨大财富来获得，这点得到在前几章讨论中曾出现的多数智者的支持。一旦从贫穷的压力中释放，我们的幸福主要取决于人际关系的品质以及是否从事令人满意的工作。这些解释当然并非互相排斥。

因此，一方面有很多证据显示物质繁荣与幸福之间有某种关联，但另一方面有很多重要条件得纳入考虑，譬如探讨的是哪种主观福祉，超过一定收入水平后的边际效益递减，以及相对而非绝对社会地位的重要性。另一个值得提出的问题是，我们所观察到的关联可能只在特定的时空才成立。在重视财富的社会里，富人自我感觉非常良好自然相当合理。但根据这一关联进行概括推论或制定政策时应谨慎而为。在金发被认为非常美丽的社会里，有金发的人大概会比较快乐。那又如何？两者的关联也许不假，却并未揭露什么关于幸福与金发的深刻真理，也不会构成政府补贴染发的理由。

节俭爆红会怎样？

认识了这些有关经济增长与幸福的观察后，且让我们试想：如果人人都拥抱节俭朴实会怎样？想象一下，提倡化繁为简、慢活、精简和放慢步调的各种运动着实蔚然成风，世界各地的人都一窝蜂地拥抱节俭的生活方式。富人不再挥霍；经济优渥的人把奢侈品卖光；二手衣服店与二手家具店门庭若市；世界各地的人纷纷拥抱自给自足，不再花钱请人修整草坪、通马桶、刷油漆或帮他们煮饭……而且这一切全都在圣诞节到来之前发生。

其直接后果绝对很可怕。从汽车到饼干托盘等大额小额商品的制造商很快就会开始裁员，成百上千家的零售店、餐厅、精品店、美发店和其他非必要服务提供者也难逃相同命运。整个休闲娱乐产业将崩溃，因为人们不再花大价钱买音乐剧、戏剧和体育赛事的门票。大学招生率急速下降，因为年轻人决定不要申请巨额的学生贷款。列出能经营下去的产业可能比列出即将倒闭的来得容易。二手商店、"eBay"和（分类广告网站）"Craigslist"大概会生意兴隆。维修东西的技工（帮我们尽可能利用现有的物品，而不是汰旧换新）应该也会大受欢迎。但多数产业会陷入困境。就连通常不受经济波动影响的殡葬业也不例外，因为人们会改用硬纸板棺材，而不是用天然橡木制成的、配有铜把手的棺材。

核心问题在于，现有经济需要相当高程度的持续经济活动才能保持运作顺畅。确切来说，需要很多人持续购买很多东西。诚如经济学家保罗·克鲁格曼对《纽约时报》读者的再三提醒，以下是理解 2008 年以降经济衰退的关键：

> 我们千万不能忘记美国经济现在最头痛的问题不是缺乏生产力，而是缺乏需求。房地产泡沫、家庭积压债务和公共支出不适时的删减，创造了没人想花钱的情况。但因为你消费我才有钱赚、我消费你才有钱赚，于是整体经济陷入萧条。[21]

倘若赚钱花钱的活动衰退到特定水平之下，经济将陷入停滞，就像一架飞机让时速降到低于临界点。这种情况要是发生，数百万人将失业，并带来灾难性后果。口袋不够深的人将陷入贫穷。手头本来就很紧的人，在某种程度上可能受益于物价下跌，但他们脱贫的机会将更加渺茫。政府税收将减少，救助急需帮助之人的支出将增加，这损害了政府资助或补贴重要公共物品的能力，像是教育或环境保护。遭受风险的还不只是每个人的物质福祉。非自愿性失业经常导致忧郁症。根据 2013 年的盖洛普民调，12.4% 的失业美国人称他们正在持续接受忧郁症治疗，比例是有全职工作者的 2 倍。在长期失业的群体中——没有工作超过 27 个星期的人——罹患忧郁症的概率为18%。[22] 经济衰退另一个不那么明显的后果是，人们变得比较不勇于冒险，因为时局艰辛使他们更不愿意承担失去仅剩一切的风险，这又使得经济复苏之路更加艰辛；相反的，繁荣、机会和自信往往能鼓励创新。[23]

毋庸赘言，现代资本主义经济还真是个笨重机器，容易形成周期性的繁荣与萧条，一旦产业日薄西山或迁移至他处，就会重创原本依赖其而生存的群落，迫使数百万人工作得更辛苦，数百万人无法获得报酬丰厚的工作，并导致数千万人的生活衰退至贫穷线之下。即便如此，倘若有足够多的人拥抱了节俭的理想，那我们习以为常的生活，也是许多人还算喜欢的生活，将会戛然而止。现代经济恢复正常的能力，极度仰赖人们愿意购买超过所需的基本用品及大量非基本用品。这不单纯是因为经济需要足够活跃的消费行为。创新也需要一些拥有反简朴思维模式的人。多数时候，新科技的早期版本在进军市场时价格不菲，而且不总是非常有效率。购买最早期笔记本电脑或数码相机的先锋顾客所花的钱，远远高于那些静候价格下跌、小缺陷被解决，并等待有足够多的人拥抱这项新科技后就会出现标准化与兼容性好处的顾客所花的钱。在这个例子中，节俭行径就像败家活动的寄生虫。没有了败家者，创新科技的商机可能永远不会被看见。我们每个人都受益于创新科技，创新科技也驱动了可观的经济活动。

当然啦，节俭狂热一夕爆红的可能性微乎其微。绝大多数人享受消费。经济暴跌出现节俭狂热是可以想象的，但经济暴跌几乎不可能是因为思维模式一夜间彻底转变。一个比较合理的情境是，节俭或反消费主义价值逐渐虏获人心，或许是出于对环境的日益关注，又或者只是因为人们受够了过度消费。我们或许会开始把过去半世纪看作某个有些难为情但可以理解的暂时阶段。在这个阶段，富裕社会的人们拥有史无前例的购买力，于是大买特买，只因为他们买得起，这就好像长年食不果腹之人若发现眼前有顿盛宴，可能会狼吞虎咽地进食到不健康或不舒服的程度。如果节俭缓慢地成为风尚，经济不会一落千丈，但还是可能缓慢走向萧条，而且只要需求持续低迷，经济也将持续萧条。这点可能便足以让某些人认定节俭朴实的拥护者简直幼稚得无可救药，并推论他们的理想实际上行不通。

为什么节俭的流行不一定会有可怕后果

前几章谈论的节俭智者几乎没考虑过这些论点。他们的经济和他们的经济学理论，比起我们的单纯太多。和他最初的理想（也就是被格劳孔谴责为"猪的城市"的田园社会）相比，苏格拉底或许认为他身处的共和国是"奢侈的"和"发狂的"，但和多数人今日所生活的社会相比，仍是极为单纯朴实的。不过，这并不意味着前文刚阐述的对节俭的批评是决定性的。当前经济体系以消费者需求为驱动力，因此需求大量减少会引发巨大负面影响的基本看法显然是正确的。但这不代表节俭朴实哲学是无可救药地过时或误人子弟的。以下是对这项指控的一些回应。

首先，尽管有必要承认拥抱节俭价值并远离消费主义的社会要付出极大代价，但这么做也有一些显而易见的益处。这些益处在某些特定消费方面尤其明显。就拿吸烟为例吧。如果人们停止抽烟（对任何节俭之人来说都是不用多想的选择），香烟制造商肯定关门大吉，数千个工作机会将消失，香烟零售商的利润将锐减，从香烟贩卖中抽取的税金将彻底枯竭。但付出这些代价全都是值得的，因为数百万人将变得更健康，然后理当因健康而更快乐，光是这点就足以令人额手称庆。不仅如此，这么做也将对整体社会产生莫大的连锁益处：受肺癌、心血管疾病、肺气肿、糖尿病所苦的人会变少，无数其他疾病的消失将使医疗资源能够服务其他需求；

每个人的健康照护成本（包括保险费）都会降低，政府尤其受惠；因吸烟相关理由损失的工作日将减少。（一份2003年的盖洛普民调估计，吸烟每年使美国经济损失约2780亿美元。）[24] 类似论点也适用于含糖饮料与糖分、脂肪和盐分过重的零食，这些产品根本不会被列入节俭狂人的购物清单。许多公共卫生专家相信，糖、脂肪和盐得为过去数十年在许多国家肆虐的肥胖问题负责。数十万人靠制造、行销或贩卖这些产品养家糊口。但有鉴于肥胖如今是全球最大的健康问题之一，而且与心脏疾病和糖尿病密不可分，如果汽水和垃圾食物的市场大幅缩水，那无疑是美事一桩。如果这个趋势和人们对自耕粮食渐增的兴趣携手并进，那简直是双喜临门，因为多吃健康水果蔬菜，生活得更积极活跃，花更多时间在户外，以及更亲近自然，无疑将改善无数人的身心健康。

当然啦，这绝非一劳永逸的回应。因为我们平日购买的多数产品并不特别有害，也不像香烟会造成如此显著的社会成本。但这个论点的精髓绝对值得铭记在心：即便经济需要相当高水平的需求才能持续运作，并非所有需求都值得鼓励或喝彩。某些消费会对个人和整体社会造成明确的负面后果。但节俭朴实的拥护者若想与世人的反对抗衡，则必须提出更激进、更全面的回应，以证明即便在现代经济条件下，节俭朴实并非误入歧途的一套哲学。

这样的回应是存在的，而且具有说服力。经济福祉仰赖我们维持甚至提升目前的生产与消费水平——这是个毫无想象力的论点。这个论点是假设只有一个条件——需求——改变，而所有其他条件皆维持不变。我们的经济和社会被假定将与今日大致相同，只不过人们花的钱少很多，更常亲自动手做事，而且往往按照古代哲学家与现代心理学家建议的方式寻求成就感。如果这种情况成真，很多人可能会遭遇悲惨的后果，毕竟对商品与服务的需求大幅缩减将导致高失业率。这就是问题的症结所在：人们失去工作，于是陷入贫穷，并遭受一切伴随贫穷而来的后果——焦虑、忧郁症、健康不佳、政府赤字扩大等。

读者应谨记一点：问题不是粮食生产不足以喂饱人们。据统计，全球粮食总产量的30%至50%，即有12亿吨至20亿吨的粮食因效率不佳的收割、储藏和运输方式，以及销售端或消费端的浪费而耗损。[25] 在美国约有40%的粮食没进到人类肚子里，而且这些浪费多数发生在零售端或家庭。基于各种原因，特别是因为粮食成本占家庭收入的比例相对较低，美国家庭如今丢弃约四分之一他们花钱购买的食物，这大约是东南亚消费者丢弃量的十倍。[26]

问题也不是房子不够住。无家可归当然是眼前的一大问题。全美流浪者与贫民法律中心估计，即便在 2008 年经济衰退之前，美国每年约有 230 万至 350 万的无家可归者。[27] 但在此背景下，我们也该知道另一个数字：根据国际特赦组织的一份报告，美国空房数量为 1850 万间。[28] 我们不妨再看看另一组数据：2013 年美国平均房屋面积将近 241 平方米，相较之下，1973 年的平均面积只有 154 平方米。[29] 因此虽然有些人没有适当的住所，那却不是因为住所、建材或建筑工人出现实际短缺，而是因为我们允许市场力量决定住房的结果，包括购买或租赁房屋的费用，以及现有住房如何被分配——这个体系导致有些人住在破烂拖车屋，甚至睡在别人家门口的同时，邻近的豪宅却闲置着。

类似论点也适用于其他基本必需品。一般而言，像美国等科技先进且商业繁荣的社会，无疑拥有足够财富、资源和聪明才智使所有社会成员过得无忧无虑。问题不是物资短缺无法满足需求。消费者需求下降可能带来的问题完全取决于事情如何被组织，具体来说就是我们目前既有的工时、工作条件、补偿、福利津贴等经济安排。

有两个相当简明易懂的方法能预先阻止消费者需

求下降导致的大规模失业所造成的问题：协助遭裁员者寻找有前景的替代就业，以及提倡缩减整体工时。

当然啦，知易行难。而且这些提议在许多读者眼里肯定极度不切实际，特别是美国的读者。失业劳工应该被新工作找上门，或获得重新进入职场的二度培训，这让人不禁想问：谁该负责寻找或创造这些工作？谁又该负责支付二度培训的费用？多数人无疑会受到较短工时和更长假期的吸引，但如何说服雇主同意这么做，尤其当他们认为这么做不符合其利益时？

但我们应该分辨不同类型的乌托邦主义（utopianism）。上述问题是可以解决的：政府能帮忙创造工作、资助二度培训，并提倡工时缩减。这样的建议被称为不切实际情有可原，因为不太可能被美国等国家目前的掌权者付于实践——掌权者指的是政治人物，和对政治人物有莫大影响力、不停对他们进行游说、提供竞选资金、提供有利可图的闲职，并威胁一旦其利益未受照顾就要撤除资助的富商领袖。无论是基于个人信念还是自我利益，抑或两者皆有，这些人绝大多数——为了写作简洁之便，姑且称他们为"统治阶级"——致力于维护当前形式的资本主义体系。当然，这群人内部还有不同意见，从自由主义者（libertarian）格罗夫·诺奎斯特（美国税务改革组织的创办人与主席）——此人曾语出惊人，说他希望把政府缩小到"能够用浴缸溺死它的大小"——到相信政府最重要的职能是改善资本主义副作用的主流自由主义者（liberal）。但由于目前美国与多数先进资本主义大国的政治氛围，穿梭在权力走廊上的人没几个愿意支持提高政府经济干预的程度，以创造使全体公民都能过简约但不贫穷生活的大环境。相信市场力量的"智慧"胜过政府干预的意识形态选择根深蒂固；大多数富人有强烈的自利倾向，他们不认为这样的介入会使自己受惠。

不过，很重要的一点是，我们刚提到的障碍全然来自政治。认为政府能够资助替代就业并为失业工人提供二次培训的看法，或主张普遍缩减工时的看法，并未遭遇任何致命的理论性反对。关于前者，多数政府在某种程度上已经在做了。举例来说，美国政府对 2008 年经济衰退的部分回应是拨款给各州，好让他们能改善基础建设与教育。另一个更明显的例子，是各国政府在二战爆发时的作为。整个 20 世纪 30 年代，美国和英国国内失业问题严重，没工作的人遭受严苛的物质匮乏折磨。战争爆发后，各国政府立即着手策划，确保可用劳动力发挥最大效用，包括工厂设备更新、工人接受二度培训，于是在非常短的时间内，人人都有工作可做。当然啦，政府之所以能这么做的一个原因是，全体公民普遍同意这些新活动旨在实现的国家目标——战胜德国和日本。如今，我们难以想象有哪个大型国家项目能激发同等共识。但此处的重点不是主张类似失业等经济问题的解决之道很容易落实，而是主张问题并非出自现代经济固有的某些特征，或出自聪明经济学家发现的某些数学公式，这些数学公式阻挡了通往充分就业之路，就好像地心引力阻止我们从屋顶往下跳。

有待完成且值得做的工作一点也不少。基础设施需要维修；学校和医院需要升级；大小公园需要改善，并配备充足人手；很多地方的公共运输严重贫乏；医疗、替代能源和其他科学领域的研究永远没有做完的一天。想要工作的人很多。二战伊始时发生的事，证明目前的持续低效率是不必要的，平民保育团 ① 在20世纪30年代的美国所从事的工作也值得借鉴。平民保育团是新政（New Deal）最受欢迎且最成功的一环。开明的公共政策能确立使

---

① 平民保育团（Civilian Conservation Corps）是美国政府在1933年到1942年为17到28岁单身失业男性提供的以工代赈的方案，9年间总计有300万名年轻男性到美国联邦或地方政府的乡村地区进行自然保育工作。

全民受惠的目标，并保证每个想工作的人都受雇于以解决失业为目标的计划项目。经济发达的国家如今远比 20 世纪 40 年代富裕，而且拥有极为优秀的科技，更使这个论点显得振振有词。

一旦简约生活哲学赢得更多支持者，让政府资助工作和职业培训的计划，将有助于抵消整体需求下降所导致的工作流失。另一个获得推荐的措施，是策划全职工作者的工时缩减。工时缩减创造就业的基本概念一点也不难懂。10 个人每周工作 40 小时，每年有 3 周假期，等于每年 19600 小时的年度总工时。15 个人每周工作 30 小时，每年有 6 周假期，等于每年 20700 小时的年度总工时。第二个情形有很多显而易见的好处。多出来的 5 个受雇而非失业的公民将会缴税，而且无须领取失业救济金。较短的工作周数与较长的假期，意味着劳工的疲累程度会降低，工作时变得更有生产力，整体而言更开心且更健康，因为他们的生活压力也减小了。为人父母的劳工将有更多时间可以陪伴孩子，是另一个无疑对家庭和整体社会有诸多益处的情况。

尝试缩减工作周数有两个明显的问题：一是这么做会增加多数雇主的人事成本；二是很多劳工需要或想要尽可能赚最多的钱，这也是为什么很多人一有机会就选择加班。但这些反对意见不具有决定性。误以为这些意见具有决定性，是因为人们又把这项提议和其他应该携手并行的改变彼此隔离。举例来说，在美国现行系统下，雇主通常喜欢聘用较少员工，然后让他们工作较长的时数，因为此举能节省公司要支付的卫生保健费用、退休金和其他员工福利。出于相同理由，有些雇主倾向于雇用兼职者，因为他们不需要提供工作时数低于特定门槛的任何员工福利——这也是很多大学课程如今由兼职教授开班授课的原因。因此，皆大欢喜的折中方案——更多人获得充分雇用机会与报酬，却不用劳累过度或占据其他人的劳动机会——所遭遇的最大障碍就是雇主提供卫生保健和退休金等福利的成本。但把这类福利与工作场所绑在一起的制度，最早是因为一些偶然的历史情势而产生的。这种制度根本不必要，无关效率，也不是明智之举。以税收支付国家卫生保健系统，使人人在有需要时都能得到免费或不昂贵的健康照护是完全可行的。保障所有人年届退休时得到足够退休金的社会保障系统也一样。类似制度已在多个经济繁荣国家如澳大利亚、丹麦、荷兰与加拿大实行，并证明了其可行性。诚如斯格尔在探讨人民减少消费可能造成的经济后果时指出，美国拥有比其他国家更多的可运用资源进行公共利益投资。[30]

用税收支付全民卫生保健费用和合理的国民退休金，使雇主有可能雇用更多任务时数较短的员工。这也是一项宏大计划的其中一环，使人民能轻松地以较少金钱过舒适生活，进而纾解他们认为有必要工作较长时数的压力。其他可能产生类似效果的措施包括改善公立教育（好让父母不觉得有压力，得把孩子送到私立学校或是搬到富人学区）、完善的公共运输，然后提供人人皆负担得起的优质公共住宅，外加对私人租房实行租金控制，以促使整体住宅成本降低。

即便拥有上述的一切，有些人无疑还是会想赚大钱，然后享受更豪奢的生活。但上述政策的目标不是要消灭自发性挥霍，其目的是使缩短工时对更多人而言变得切实可行，甚至可取。如此一来，我们将摆脱当前的处境（亦即数百万人失业或未充分就业，同时又有很多人觉得劳动过度），获得更合理且有效率的工作分配。这意味着，为数可观的人能选择降低消费水平，又不会造成数百万人失业陷贫。

这些提议显然需要高度的政府经济干预，而且超出很多人认为可取的程度，特别是政治立场偏右的那些人。他们再三强调自由市场是激励供给和管理任何事物之分配（财富、工作、商品、服务、住宅、卫生保健、能源、教育等）最有效率的机制。但美国和其他资本主义国家运作的方式，显然不特别有效率。再次强调，有待完成的工作多不胜数，有数百万人愿意从事这些工作，而不是落得清闲没事干，在经济体系内流动的财富数量空前的大，这些财富大多进到极少数人的口袋里。美国最富有的0.01%的人，拥有美国境内10%以上的财富；金字塔顶层的0.1%的人，拥有20%以上的总财富；最有钱的1%的人，占有全国总财富的60%以上。[31]

经济学家在质疑让政府扮演更积极的经济角色所可能产生的益处时，喜欢搬出这类社会实验失败的例子。举例来说，他们会强调法国实施每周35小时的工时制度所造成的问题。但这些反对意见带有昭然若揭的意识形态动机。你应该会认为，当法国在2000年尝试实行这一概念时，理当得到的回应大概如下："政府提出了一个有趣的实验；让我们祈祷会成功吧，因为倘若实验成功，对每个人都是天大的好消息！较少工作，更多玩乐，较少压力，更多时间可以陪家人朋友。"然而，《经济学人》等自由市场支持者打一开始便严厉谴责并不时宣判此项政策无效，完全是预料之中的事。[32]不过，事实是"专家们"对这项实验的成效存在分歧。有些人认为每周35小时的工时有点像是职场神话。

很多法国工人，特别是白领阶层工人，例行性地工作超过 35 小时，只不过超过该门槛后的额外工时都算作加班。[33] 世界银行发布了一份报告，指出限制每周工时对一个经济体的效率没有太显著影响。[34] 法国劳动力无疑仍是欧洲最有生产力的劳动力之一，2011 年在 OECD 国家中排名第七。[35] 诚如经济与政策研究中心副主任迪恩·贝克的评论，"经济学家看着这个每周工时 35 小时、政府工作占国家 GDP 一半以上，而且为公民提供一流卫生保健与育儿服务的法国——想要说这是行不通的。法国的成功简直令他们生气"。[36]

为谁辛苦为谁忙？

早在 1930 年，经济学家凯恩斯预测，工业资本主义持续增加的生产力，将在一个世纪内为所有人带来更多的闲暇，普遍工作时数将降低至大约 15 小时。这种情况显然没有发生。几乎所有相对富裕国家的年平均工时都在过去几十年中逐渐下降，这点毋庸置疑。举例来说，1950 年到 2010 年，美国的年平均工时从 1908 小时跌到 1695 小时，加拿大则是从 2079 小时降至 1711 小时，丹麦从 2144 小时降到 1523 小时，就连以工作狂文化出名的日本，每年平均工作时数都从 1961 年夸张的 2224 小时，降至 2011 年的 1706 小时。[37] 但就连懒散的丹麦人的工时也仍比凯恩斯所预言的多了一倍。有鉴于工业化世界的生产力和财富的增加，人们有更高的期待也情有可原。英国人今日的财富是 1930 年的 4 倍，但他们的工作量只减少了 20%，其他先进经济体的情况大同小异。昔日享受闲散的富人，如今夸耀自己工作得多么勤奋；对许多穷人而言，失业是个难以摆脱的诅咒。此外，经济学家斯塔芬·林德表示，经济增长往往让人感到没有足够的时间做自己想做的事。这不是错觉，但时间不够主要是因为富裕社会的成员若遇到选择时，总是想要赚更多钱，而不是享受更多空闲。然后，他们把工作场所重视生产力的心态与价值，带进生活中的每个领域，结果就成了林德所谓的"忙不停的有闲阶级"（harried leisure class）。[38] 简约生活的提倡者自然会想改变这越来越忙碌的趋势，无论这是客观的真实还是主观的感受，因为选择生活从简的主要好处向来都包含增加与享受闲暇。

凯恩斯错在哪？根据罗伯特·斯基德尔斯基与爱德华·斯基德尔斯基的《金钱与好的生活》，他错在低估了要控制资本主义所释放的影响力有多么困难，特别是人们对财富不断增加，以及不断增加的财富所能购买的东西的渴望。人类对提升相对地位的本能关切，是经演化而深植体内的生物行为，经过资本主义体系的刺激，再加上广告不间断播送和自由市场意识形态的加持，于是我们总想要拥有更多，甚至超越我们真实的需要。[39]

这个对我们为何至今仍辛苦工作超过我们所需的解释有一定的可信度。但我认为问题不仅是甚至不主要是出在多数人总是渴望拥有更多。诚如斯格尔在《过度劳累的美国人》中论称，主要问题不如说出在个体受到体制的摆布。[40] 很多人乐于减少目前的工作量，可是他们基于各式各样的原因觉得身不由己。减少工作量会遭遇的一个明显障碍就是，雇主可能不让员工有这样的选择。诚如前文所指出，与其让一大群劳工分摊相同工作量，请一小群员工工作较长时数通常比较符合雇主的利益。即便减少工时的选项表面上存在，很多雇员也会因为担心自己显得不够积极或欠缺热忱，而不愿意减少工时。另一个显而易见的问题是，许多工作的薪资待遇不佳，因此人们得加班或做不止一份工作。不放过额外工作机会的人有些无疑是出于贪财，但有更多人纯粹是因为需要挣得足够的钱以支付账单。因此，贪得无厌地渴望金钱的不是员工，而是老板（包括高层主管和大股东）。尽管他们通常过着锦衣玉食的生活，他们却坚持付低层员工吃不饱又饿不死的最低薪资。

体制也包括市场力量决定生活成本的方式。理想的情况是，消费者应该会因为供应商降价以争夺客户而坐收渔翁之利。尽管这种情况确实发生在电脑和相机等商品上，但在某些重要领域，市场力量会拉抬价格。住房就是最明显的例子。商品价格下降一般会引来众人一阵欢呼，谁不喜欢便宜的机票或降价的汽油？房价却得到经济学家的特殊对待。房价下跌代表"萧条"（slump），通常被当作一个坏消息。为什么？因为如果你拥有一栋房子，增值就意味着你的财富净值增加。这使人们感到高兴，即便其他房屋也相应涨价，代表他们的经济条件并不一定有所提升。没错，他们可以用更高的价格卖房，但也得花更多钱才能买到类似的新居。为房价上涨欢呼的第二个理由是，人们可以拿房屋作为抵押向银行贷款，因此房子的价值越高，能借的金额也越高。但多数人不需要借这么大笔钱，不必然需要房价暴涨才能获得贷款。第三个理由是房价上涨代表高房屋需求量，代表建筑和装潢新房、整修老屋和搬家的商品与服务提供者有工作可做。

最后一个理由还算说得过去，只不过房价上涨仍旧并非好在房价上涨本身，而是好在所象征的其他好事，也就是经济活动增加的可能性。但在账簿的另一边，高房地产价值有一些重大不利之处。最显而易见的就是，很多人因此而买不起房子。伦敦和旧金山等人口密集区的房地产价格高得吓人，租金也贵得离谱。因此，薪资微薄的人只好把赚来的钱的一大部分用于付租金，或是勉强接受漫长又令人难受的上班路程。

市场力量也得为卫生保健和高等教育成本的攀升负责。对没有太多积蓄的人而言，问题出在，这些东西，譬如住房，不可能被当作可有可无的奢侈品。生病受伤可能威胁生命；残障和疼痛可能使生活品质大幅下滑。因此，为了让自己或家人接受治疗，人们愿意倾家荡产。大学教育的需求明显不太一样：没考上理想的大学或许令人失望，但几乎不可能致命。话虽如此，对今天任何有志成为专业人士的人而言，大学学历乃必备要件。尽管在某些国家（像是法国、德国、瑞典、巴西）无须花大价钱就能得到优质教育与资格证书，与之情况相反的国家终究还是占多数。

最低工资、工时和工作条件、公共交通，以及住房、卫生保健和教育等必要花费，全都是我们所属体制的因素，政府可以在这些方面有所作为，好让想过简约生活的人更容易实现梦想。但政府政策不容易影响的经济和文化环境，也对我们施加赚更多钱的压力。斯基德尔斯基父子强调人们对财富、地位和物品不受控制的渴望；节俭纯粹主义者可能批评任何"人际关系的"消费，意思是其消费是因为在意自己在他人面前的形象，而不是对该物品有任何真实需求。但这样的批评太过简化。诚如（乔治城大学哲学教授）朱迪丝·利希滕伯格指出的，我们的需求是一道光谱，从绝对必需品到纯粹奢侈品。虽然某些人际关系的渴望在道德上是有问题的，譬如渴望比别人优越，有些却是值得同情的。想和同侪大抵平起平坐的渴望与我们对自尊根深蒂固的需求有关。有些人际关系消费则是生活周遭基础设施迫使我们想要进行的。像是汽车、电话、手机、电脑和网络，最初都是奢侈品，可是一旦有足够多的人拥有，这些东西就变成普通的完善生活所必备的条件。利希滕伯格说得好："发明是需要之母。"41

因此，若现代世界有很多人花在工作上的时间比他们希望的更长，最主要不是因为他们对金钱、物品和地位的渴望失控。在很大程度上，他们是被身处其中的体制逼着这么过活。不过，斯基德尔斯基父子和其他人质疑将经济无限增长视为好事的假设，批评盲目追求增长推动了主流经济学家和政治人物偏好的政策，是绝对有道理的。没错，经济增长无疑改善了数百万人的生活，并为我们的生活带来了从飞机到 iPhone 等美好事物。但诚如哈贝马斯不厌其烦地主张，人类技术才智发展的速度已超越道德智能。这种情况不仅仅发生在武器或医疗之类的领域。很多社会不仅经济发达，而且人才济济，可是却受失业、贫穷、犯罪和环境问题困扰，美国就是最典型案例。一流大学产生了无数杰出研究，但位于较低社会经济阶层的绝大多数学生连高中都念得一塌糊涂。医学创造了无数惊人创举，但数百万人仍遭受可预防疾病之苦。

社会为什么充斥着这些矛盾？一个显而易见的原因是，复杂的社会相当难以组织和控制。立意至为良善的政策经常会产生出乎意料和不受欢迎的后果，经济学家对此心有戚戚焉。但意识形态和利益也影响深远，美国在改革极度没效率的卫生保健体制或引进碳税（支持这项措施的经济学家占压倒性多数）时的政治角力就是绝佳范例。

提倡节俭朴实的哲学并不等于采纳特定政治路线，或支持明确的经济政策，但其总体观点通常偏向于批评消费主义与否定华尔街价值的立场。消费主义误以为购物能为人生觅得幸福与意义；大企业资本主义因渴望财富不停增长而受到驱使，并以对此目标的贡献衡量一切事物。极端的节俭狂人和激进简约派会谴责这些资本主义价值，追随第欧根尼或梭罗的脚步，选择脱离主流的生活方式。信仰较温和的那群人则会承认经济增长确实带来不少好处，但也认为只要好处依旧极度分配不均，而且需要众人持续拼死拼活地工作、赚钱、消费，那么这些好处就并未充分发挥作用。于是他们自然会赞同借由普及美好生活基本元素，使人人都可随心所欲过得更简约的政府政策。

第七章　简约生活是为了环保

不论以何种方式减少废弃物都等同于环境的胜利。减少物质和能源的使用则是整个星球和所有生命的胜利。

——基思·海多恩,《生态节俭主义的艺术》

支持节俭朴实的基本环保论点非常直截了当,对大部分读者来说也相当熟悉。过去两个世纪以来,工业化和快速增长的人口,使得人类对自然环境的冲击大幅增加。大部分的影响是负面的:雾霾、酸雨,以及河流、湖泊、海洋污染,还有地下水污染;废弃物、垃圾堆、土壤侵蚀、森林砍伐、植物和动物绝种或濒临绝种、栖地破坏、生物多样性减少。就长远来说,其中最重大的影响或许就是全球变暖。消费主义、铺张挥霍、过度浪费使环境受到的伤害加剧。相较之下,节俭简单的生活能减少我们的生态足迹。节俭的哲学传达了此种愿景,也提倡一种最有效的生活方式,以保存大自然之美及维持地球脆弱的生态系统。

历史背景

从上古时代一直到 19 世纪，提倡节俭朴实的哲学家并没有提出太多环境保护的论点。他们和同时代的人一样，并没有留心人类对自然环境的影响。其中有两个主要原因。其中一个主要原因是，稀少的人口及前工业化的生产方式对环境的影响较为轻微。我们现在的处境与前工业革命社会最显著的差异，可以由两张图说明。一张描绘了世界人口增长趋势（见图 7-1），另一张则是大气中二氧化碳浓度变化（见图 7-2）。

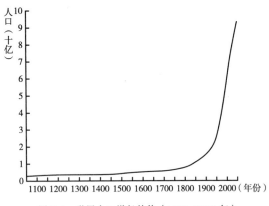

图 7-1　世界人口增长趋势（1050~2050 年）

资料来源：DSS Research。

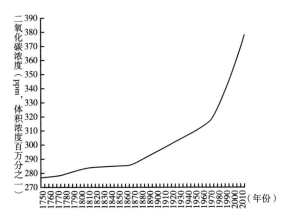

图 7-2 大气中二氧化碳浓度变化（1750~2010 年）
资料来源：Carbon Dioxide Information Analysis Center, NOAA ESRL。

　　支持简约生活的环保论点直到近年才出现，另一个主要原因是过去人们的生活十分艰苦而且不稳。饥荒、疾病、自然灾害，还有其他许多重大不幸随时都会发生，因此大自然通常被视为可利用的资源，而非需要保护的重要资产。此外，这种态度和基督教神学家对亚当与夏娃在《创世记》中领受"统治使命"（dominion mandate）的解读更是一致。

　　　　神就赐福给他们，又对他们说：要生养众多，遍满地面，治理这地，也要管理海里的鱼、空中的鸟，和地上各样行动的活物。[1]

上帝继续说道：一切孕育种子的草叶、结果实的树木，也都是为了人类而创造的。这种人类中心主义的论调和亚里士多德学派的观点能充分结合："大自然的一切都其来有自"，因此动物和动物所摄食的植物，最终都是"为人类而存在的"。[2]对中世纪及其后的欧洲人来说，这种观点再自然不过了。即便他们真有过对大自然悲秋伤春的念头，他们也会认为这是一种负担不起的奢侈。

一直到近代早期（early modern period，中世纪之后、现代之前的时期），这种认定大自然的一切是因我们而存在、应当为我们所用的看法，都还是主流观点。尽管如此，在当时已经出现不同的声音，开始一点一滴地销蚀这种想法。新物种与灭绝物种的发现，催生了一个新的生物学研究分支，其研究方向不在于植物和动物可以发挥什么功用，而是着重于它们本身的趣味。[3]随着中世纪世界观消退之后，人类和动物之间的区别便不再如此绝对，甚至在达尔文提出他的理论之前，饲养宠物（被视为同伴的动物，而非肉食或劳力来源）也已在17世纪之后逐渐普及起来。除此之外，城市扩张容纳了增长的人口，让城市新居民对自然景观和清新空气产生感怀之情。

随着浪漫主义时代的到来，这种不将自然单纯地视为原料的观点日趋普遍。浪漫主义在工业革命蓬勃开展之时出现也并非巧合。工业化为生活带来更稳固的安定感，也成为浪漫主义歌颂旷野及蛮荒地景的基础——崎嶇山脉、荒寂野地、汹涛怒海。大自然不再如此具有威胁性，当饥荒的恐惧逐渐消退后，人们不再满脑子想着要将每寸土地辟为农田，用来生产食物。[4]

浪漫主义拥护的价值与简约生活的哲学紧密相连：不信任人造的或过度奢华的物品，对平民百姓的生活产生新的尊重，渴望能自在地生活在大自然中，以及颂扬自然为喜悦与启发的源泉。因此，我们能在浪漫主义者中找到许多简朴提倡者，以及受简朴影响的人，也不是什么太意外的事。例如华兹华斯用"普通百姓的语言"写抒情诗，不只抒发他对大自然的热爱和感激之情，还刻意赞颂较不起眼的自然之美，如水仙、杜鹃、云雀、毛茛、早晨的日光、傍晚的静谧，而非那些赫赫有名的自然奇景。梭罗也和华兹华斯一样享受这种喜悦——《瓦尔登湖》便是这类愉悦的集大成之作——但他比华兹华斯更注意工业社会会导致人与自然益发疏离，以及这种疏离可能导致的伤害。因此梭罗更常被认为是环保主义的先锋。

其他19世纪晚期和20世纪初期批评工业资本主义破坏环境的人，包括艺术家、作家和改革家，如约翰·罗斯金、威廉·莫里斯及爱德华·卡彭特。[①] 他们歌颂简朴的程度不等，但主要是因为简朴能拉近人与自然的距离，不过不得不承认身为艺术和建筑狂热者，罗斯金和莫里斯偏爱的简约生活形式都颇为奢华。在美国，约翰·缪尔素有"守护圣者"（patron saint）之称，也被视为第一位推动现代环保主义的伟大领袖。他形容自己是梭罗的门徒，也仿效心目中的英雄在优胜美地的一栋小木屋住了几年。

如今环保主义是一项全球性的知识、道德及政治运动。每个聪明人都意识到，我们必须减少人类

① 约翰·罗斯金（John Ruskin, 1819~1900），维多利亚时期的代表性作家、艺评家、思想家。与前拉斐尔派交好，认为艺术"理应再现自然原本的样子"。出身富商之家的他，在父亲死后，深感巨额财富与其社会主义者的信念有所冲突，遂将大部分遗产捐赠给慈善机构。威廉·莫里斯（William Morris, 1834~1896），英国工艺美术运动的领导人，前拉斐尔派的一分子，被称为"现代设计之父"。厌恶工业革命的大量生产，向往古典的工艺之美。他所成立的设计公司莫里斯商会（Morris & Co.）就带有中世纪行会的味道。爱德华·卡彭特（Edward Carpenter, 1844~1929），英国社会主义派诗人，最早期的同志运动者。在《文明：其成因与治愈》一书中指出文明是一种疾病；在《英格兰的理想》一书中提出"生活的简单化"，使"简单生活"一词开始普及。

活动对地球生态系统造成的伤害。社会大众越来越意识到，我们消费的所有商品与服务是由庞大的工业活动所支撑，这些工业活动会耗尽自然资源，污染土壤、水源和空气，破坏栖地，而且会加剧全球变暖。我们吃下肚的多数粮食是以工业化规模生产的农业成果，使用了大量的化学肥料、杀虫剂，以及水资源和能源。每天都有成片的林地和农地被破坏，以建设更多豪宅。许多领域的科技变得更干净了，却无法真正解决问题。我们以为数码革命是友善环保的，但到了 20 世纪尾声，制造一台电脑，每年会产生 140 磅（约 63.5 公斤）固体废弃物，当中还有一些是有害的废弃物，而每年被丢弃的电脑有 1200 万台（30 万吨），大多进到了垃圾掩埋场。[5]从消耗的能源多寡与排放的废气种类来看，机动车辆（motor vehicle）确实变得更干净了。

环保主义论点

几乎所有节俭朴实的当代拥护者都认为，接受他们主张的人越多，对自然环境越好。这样的论点有多少说服力呢？

如此主张的理由似乎显而易见。从个人行为与生活方式选择的层面来看，节俭和减少生态足迹之间的联系往往简单明了。减少使用（reduce）、重复利用（reuse）、循环再造（recycle），这些是节俭狂人和环保主义者共同的口号。到处都是提倡"生态节俭"（ecofrugality）的书籍、文章和博客，来指导我们如何同时做到省钱和拯救环境。

- 不开车，改成走路或骑自行车
- 使用节能设备
- 关掉不必要的照明设备
- 用绳子晾晒衣服
- 用耙具整理落叶，不要用吹叶机
- 食用剩菜剩饭
- 与他人共享工具
- 只购买需要的物品，并使用到损坏为止
- 在可能的情况下，购买二手物品
- 饮用自来水，而非瓶装水
- 降低（冬天）／升高（夏天）空调的温度
- 脏衣服装满洗衣篮后才洗衣服
- 重复使用包装纸（更好的做法是制作可重复使用的礼物袋）

上述每个做法除了省钱，也直接减少了能源的使用，例如关掉用不到的灯，或是通过减少对新商品的需求，间接降低能源的消耗。如同生态节俭主义者基思·海多恩所说："不论以何种方式减少废弃物都等同于环境的胜利。减少物质和能源的使用则是整个星球和所有生命的胜利。"[6]

支持简约生活其他方面的论点基本上如出一辙。为提高自给自足的程度，比起购买使用化学肥料和杀虫剂、造成高度浪费、在包装与运输过程中消耗额外能源的工业化农业产品，自己栽种部分粮食是更为干净、环保的选择。比起购买昂贵玩具或付费获得异国体验，满足于在家附近就能得到的简单愉悦，不仅会减少能源消耗，也能减少废弃物的产生。此外，简朴和环境保护之间的关系是相辅相成的：借由保存大自然的美，我们确保了人类能持续获得享受自然的简单愉悦（通常还是免费的），而享受此种愉悦的人，应该更可能在生活中实践环保理念。

团体也能设立相关制度或推动政策，在协助人们降低生活成本的同时保护环境。完善的大众运输能降低能源消耗、污染和交通堵塞。公园和花园能改善城市的空气品质，使人们无须拥有大型私人花园，也能享受绿意盎然、自然之美，以及开放的游乐空间。社区园圃鼓励在地粮食生产；图书馆降低了个人购买的需求。

这些是节俭朴实的拥护者能够提出，也确实提出了的主张。它们大致上合乎情理。但我们也得承认，针对节俭和简朴理当创造的环保益处也不乏合理的质疑。探讨其中部分可能的反对理由，将帮助我们对环保主义者的论点做出更明智的评估。

反对环保主义者的论点

• 对生态的冲击难以计算

多数时候，精准计算任何特定活动或消费决定对环境造成的影响极为困难，因为变量太多、交互作用过于复杂。举例来说，许多具有公信力的科学研究指出，生物燃料的制造——例如从玉米中提炼乙醇——至少在短期内，会释放出比传统汽油的制造和使用还要多的温室气体。[7] 太阳能板在发电过程中不会排放任何气体，但光伏板（photovoltaic panels）的制作过程（以及某些设置中的蓄电池）需要开采稀有金属，而且会产生有毒废弃物。[8] 插电式油电混合车的排气量比一般车辆少，但减少生态足迹的成效却被抵消了，因为生产电池需要额外能源，也因为还是得消耗从电网供应的电力（大部分电力仍来自火力发电），以及因为每一里路的成本降低，车主便倾向于行驶更多路程［能源经济学家称之为"反弹效应"（rebound effect）］。一项

比较一次性尿布和可重复使用的尿布对环境造成的
冲击的研究指出，后者是否对环境比较好，还得看
洗涤条件（譬如每次洗衣量的多寡、水温及干燥方
式）。[9] 从新西兰出口到英国的苹果对环境产生的总
冲击可能比当地产的还低，因为生长条件较佳——
但此结果只在春、夏两季成立，因为英国产的苹果
需要储存在冰柜中长达好几个月。[10]

　　上述论点无疑是正确的。生态系统非常复杂，
不同做法与科技之间的长期影响是难以比较的，因
此有时真相会和我们的直觉相背离。但这并不证明
对节衣缩食、简约生活的普遍怀疑是合理的。走路
或骑自行车造成的污染无疑比开车低；晒衣绳消耗
的能源比使用烘干机少；饮用自来水产生的废弃物
比选择瓶装水少。质疑环保的论点，让我们看见不
自觉忽略的某些复杂性和不确定性，但丝毫不能驳
倒前述那些简单明了的节约做法。

- **简朴不等于环保**

　　简约生活在某些方面对环境造成的伤害，实
际上比不那么朴实的选择还要大。例如对许多人而
言，亲近大自然的居住环境和自给自足是理想简约
生活的重要元素之一。但（美国记者）大卫·欧文
在其著作《绿色都市》中指出，如果简约生活就

是指乡村生活，那可不一定比住在城市环保。[11] 乡村生活通常意味着住在独栋房屋，相较于城市公寓（普遍较狭窄且三面都被其他公寓围绕），为独栋房屋加热需要的能源比较多。住在乡间通常也意味着更常使用车辆代步，因为大城市的公共交通网广布，城市居民通常较偏好走路而非开车。如果自给自足和返璞归真等于砍柴生火取暖的话，那大概比使用煤气更伤害自然环境。就算木材已充分干燥，并使用美国环保署认证的现代节能火炉，燃烧木头产生的悬浮微粒污染，仍远多于燃油炉或煤气炉。[12]

如果简约生活的必要条件是成本低廉，那就会产生额外的问题，因为较省钱、节俭的选择通常不太环保，环保的选择通常所费不赀。最便宜的蔬果是用大量农药和化肥以工业化规模生产的；有机农产品可能会贵上二至三倍。对小气的消费者来说，以修理和重复利用取代汰旧换新是理所当然的节俭对策，但新型设备如热水器、冰箱和洗衣机通常符合较高的环保署节能标准。申请使用再生能源产生的电力能协助社会转型走向节能，但也意味着需要支付更高额的电费账单。

这个论点同样言之有理。我们已经发现，简约生活涵盖了许多想法和做法，有时候会互相冲突。诚如上一个反对论点，最恰当的回应不是直接否定，而是就事论事地承认其中正确之处。不过，这一论点同样无法全面推翻节俭朴实的环保论点。大部分实践节俭的方法确实会减少生态足迹。越多人选择住较小的房子、以步行或自行车代替开车、将有机废弃物用作堆肥、关上用不到的灯、以多穿一件毛衣代替暖气等做法，情况就越好。除非是无法节能或会产生污染的机器，不然善用手边既有的物品，不做不必要的汰旧换新，就能减少废弃物并降低对工业化产品的需求；另外，尽可能购买二手物品也有相同效果。

关于土食主义（locavorism）的辩论提供了一个具体的案例，让我们看到，批评某种理当令人联想到简约生活的环保做法可能于理有据，但又不到彻底颠覆的程度。土食主义者是一群倾向于选择当地生产的食材的人，譬如离家方圆百里内。如果有得选择，他们会购买当地种植的苹果，而非从几千英里外运来的苹果。他们也会尽可能购买当季食材。当然，每个土食主义者具体实践的程度不一，但这一生活哲学背后的思维是一样的。他们认为当地生产的食物通常品质较高，因为是新鲜的；也因为这些食材通常是由社区支持农业（Community Supported Agriculture）、有机农场、社区菜园或家庭后院小规模种植的，比起给蔬果洒满杀虫剂、替动物注射类固醇和抗生素的工业化农业更健康、更值得信任；再者，在地农产品所需的能源和运输需求也比较低。在都市和城镇里，对在地生产的渴望促进了小规模农业的发展，也使许多空地被改造成社区菜园，用怡人的绿意改善都市景观。购买在地食材也是一种参与及支持当地社区的方法，让资金流在自己居住的区域循环，维持当地的经济活动，而非将金钱送到遥远的农产品企业手中。最后，还有一点很重要的是，土食主义鼓励家庭菜园，除了上述好处，还能让人们走出门、运动，以及接触自然（畅销作家、土食主义者迈克尔·波伦认为，如果部分草坪能改造成菜园，郊区生活也会更有趣）。[13]

怀疑论者和批评者能针对上述每一点提出反驳。只有适合当地种植的食物，才算得上最好的新鲜食物。佛罗里达柳橙就算经过冷冻和运送，也比气温较寒冷地区种出来的柳橙好。在农夫市集购买的产品并不一定比来自大型农场的超市产品更值得信任，因为超市的食品都必须经过检验、符合政府规范。再者，计算生产及运输所消耗的能源是极困难的事，但不假思索地认为在地等于节能是错的。迈克尔·斯佩克特在《纽约客》的一篇文章中，提出对碳足迹概念的观察。

　　有很多因素会影响一项产品的碳足迹：耗水量、种植及收成的做法、肥料的用量和种类，甚至必须考虑包装程序所使用的燃料。海运比空运少了六成碳排放量，而且船只也不需要高速公路。[14]

　　虽然听起来违背直觉，但你专程驱车到离家几英里外的自助农场所采的莓果，其单位莓果碳足迹可能比超市那些从另一个大陆大量运来的莓果还高。[15]都市中的社区菜园或许景色宜人，但若目标是减少能源消耗和碳排放量，那块地其实拿来盖公寓大楼还比较好——这是目前最节能的居住形式。怀疑论者也会主张，以小规模农业和种植作为支持在地经济的方法，其实不太有效率，这就是为什么比起拥有规模优势的农产品企业，社区支持农业和小型有机农场必须奋力求生存，而且售价通常偏高。怀疑论者还会指出，事实上，我们大部分的钱是花在从远方运来的非食用商品，所以就算购买当地食材能带来任何小小的好处，相较之下仍是徒劳。

　　在这场辩论中，双方各有各的道理。不过，批评土食主义的人没有意识到，偏好自家种植与在地蔬果通常是整体中的一环，这个整体包含了对特定生活方式的一般观点和一整套承诺。其中或许存在某些不足或矛盾之处——哪种生活方式不是如此呢？——但无论如何，这仍是实现特定价值的尝试，而且值得一试。若有更多人认同这些价值并化为实践，环境便真的能够获益，世界也真的能变得更好。与工业农场相比，小型有机农场确实以较人道的方式对待动物，造成的污染与土壤侵蚀问题也较小。自耕蔬菜通常比大规模生产的更加有营养，也更令人满意。农夫市集、社区支持农业和在地小型商店提供巨型商场崛起后失落的互动场合。园艺使人和自然不那么疏离。二战期间，居民在自家院落或荒地开辟的"胜利花园"（victory gardens）便是很好的做法，同时提升了家庭与国家的粮食自给能力。虽然现在没有全国上下齐心投入的"国家大业"，但对每个家庭和社区而言，增加生产力、更加自给自足仍旧是好事，特别是对环境有帮助而非造成伤害的时候。

- **个人选择无济于事**

人为减少生态足迹所做的小事，例如过更简单或更节俭的生活，造成的影响微乎其微。尽一己之力拯救地球或许能让这些人内心澎湃，但对减缓全球变暖、让水和空气更洁净、阻止生物绝种等有决定性影响力的是政府和企业的作为，以及科技的创新。以全球变暖为例，真正能创造成效的措施是征收碳税、用干净能源代替火力发电厂，以及更严格地管控工业污染和车辆尾气排放。随手关灯、走路上班这些个人行为都是杯水车薪，这些作为的价值是主观而非客观的。

以上是我们常听到的论点，但我认为其说服力相当薄弱。没错，环境的命运最主要由大人物做的重要决定所左右——立法的政治人物、提供建议的专家、执行法律的机构、享有巨大政治影响力的企业。但这绝不能证明我们为减少自身对环境的负面影响所付出的努力毫无意义。按照这个逻辑，我们也可以说在选举中投票没什么意义，因为选举结果已在意料之中，一张选票无法造成任何改变；或是一个家庭不该担心在干旱时期浪费水，因为和大工厂或农场使用或滥用的水资源相比，家庭用水量微不足道；或是我们不该为没有申报额外收入的税而感到内疚，因为和大企业与有钱人逃掉的税相比，根本就是小巫见大巫。

这项反对论点在两方面是错的。第一，也是最显而易见的，虽然个体行为对环境造成的影响很小，但当几百万人做同一行为时，结果便不容小觑。国家和地方政府在干旱时期禁止灌溉草皮，并非愚蠢——个人行为加乘无数遍，便会造成影响。人口越多，影响越大。如果每个人都能依照节俭狂人的建议节约能源：关掉用不到的灯、使用晒衣绳、选择节省燃料的车辆、降低开车频率、减少消费……我们消耗的化石燃料总量将大幅降低，而所有人都会同意（除了石油公司的主管们）这是一件好事。若所有人都忽视环保署提出的家用废弃物处理方法，将用过的机油和其他有毒物质倒进土里、把过期药物冲进马桶，便会对供水造成严重影响。

第二，鼓励个人减少对环境造成的伤害是有其价值的，不仅因为个人造成的伤害将减少，而且还能让关心环境成为社会的预设态度，这态度扎根后逐渐向外散播，一旦传播开来，其实际价值也跟着提升。资源回收的增长就是很好的例子。

回收特定材料如铁、铜或木料的行为自古以来就存在，但直到20世纪70年代，政府机关才开始实行资源回收的相关计划。资源回收对环境带来的好处显而易见：节省资源与能源（因为资源回收所消耗的能源比从头制造要少），减少温室气体及其他污染气体的排放，减少垃圾掩埋量。当然也有人批评资源回收。例如，经济学家迈克尔·芒格论称大部分的资源回收都是无效的，甚至是荒谬可笑的。他描述了北卡罗来纳州罗利市的情形：当地政府希望能停止回收环保玻璃，因为用原始材料制造全新的玻璃通常成本较低，也比重制来自回收瓶罐的磨碎玻璃所消耗的能源还少。但罗利市的居民对资源回收的理念非常坚持，还投票表决继续将玻璃列入资源回收项目。最后是玻璃制品被集中、分类，然后倒进垃圾掩埋场———一个毫无意义的没效率行为。芒格还描述了一个他在智利目睹的荒谬场景：人们在星期六早上开车前往资源回收中心，排上很久的队，引擎持续运转，只为了丢几个瓶罐到回收桶里。[16]

这些做法从表面看来确实愚蠢，也肯定还有许多立意良善的政策旨在减少浪费、污染或能源消耗却失败得一塌糊涂的例子。但拿这些案例质疑资源回收是狭隘的，因为这些质疑过于专注细节，而忽略了更为宏大长远的脉络。诚如前文所述，许多环境问题极为复杂。某个特定回收行为或回收计划对环境是否有益取决于许多因素：回收什么东西（回收铝罐能节省的能源远胜过玻璃）、在哪里回收（英国不如法国适合回收环保玻璃，因为英国产的葡萄酒不多）、回收方式（贫民窟居民在垃圾堆中翻捡比高科技处理厂所需的燃料少，但后者是比较安全的工作环境）、回收科技的品质、参与回收计划的人数，以及没有回收的废弃物怎么处理。同样的，资源回收是否符合成本效益也取决于一长串变量。

但不可否认的是，整体来说，越多人投入资源回收——还有购买回收再生产品（这一选择偏好出自同样的价值观）——不论是从成本角度还是从对环境的正面影响来看，资源回收技术都将变得更有效率。随着参与人数的增加，"规模"的益处就会开始显现。一辆卡车在一个社区行驶的距离不变，但收集了更多回收物，于是被送到掩埋场的垃圾变少了。回收工厂为处理更多回收物而越盖越大，于是收集的方法和分类程序逐渐改善。这些都是千真万确已经发生的事实，而且各式各样的改善彼此相辅相成。回收工厂拥有更进步的分类技术，能为家家户户省去分类的麻烦，使资源回收变得更容易，进而提高参与度。如此一来，针对资源回收技术的投资便能更上一层楼，创造更高品质的回收材料，使利用这些回收材料制造的产品更有竞争力。一旦资源回收成为标准程序，产品制造的过程就会将可回收性纳入考虑，进一步提高效率，最终走向"升级再造"（upcycling），将废弃物制造成更有价值的物品，而非"降级回收"（downcycling）——废弃物再制品的品质较低。[17]

资源回收计划的发展，及其效率与价值的提

升，说明了一个普遍的观点，即个人的小行为可以产生超越自身的影响。鼓励每个人为保护环境付出一点小小贡献，有助于使整个社群自然而然地思考环境问题。倘若事情如此发展，个人行为的实际效益便随之增长。狭隘的怀疑论在质疑个人行为的价值时，并没有认识到这一点。

• 科技革新是我们的救星

科学和科技的进步是反转环境已受到的伤害及保护环境不再受破坏的最佳希望。但科学和科技的研发及应用非常昂贵，经济增长是其必要条件，而经济增长又是由消费需求所驱动。因此拥抱并提倡节俭朴实的人的作为减缓了经济增长的速度，连带地也拖延了科技革新的发展，也就是最有可能有效改善今日环境问题的长远解决之道。目前已有许多消费行为促进环保科技发展的案例。对能源日益升高的需求，意味着生产能源是有利可图的，进而鼓励了对更干净、可再生能源的研究。对淡水需求的增加使海水淡化的研究能持续发展。电脑革命在很大程度上是受到对笔记本电脑和智能型手机的需求驱动，从而减少了对磁带、黑胶唱片、纸本备忘录、报纸和书籍等物质性商品的消费。总的来说，商品销售是企业研发资金的来源，贩售更多商品则是他们投入研发的动机。经济增长期间，政府通过所得税、公司税、营业税所征得的较多税赋，使其有能力负担环保计划、收集重要资讯，以及研究如何解决我们当前面临的问题。

初步来看，这是个相当站得住脚的论点，虽说诚如前文讨论过的其他论点，由于其中各项因素的交互影响实在太过复杂，我们很难进行确切的评估。可是这一推论曲折得令人怀疑。很多人会立刻想到的一点是，我们现在面临的环境问题绝大多数是科技造成的。工厂污染河流、土壤和大气；燃烧化石燃料是全球变暖的主因；越来越大的船只和更进步的捕鱼技术使鱼类数量大幅减少；工业化规模的农业耗尽地力，并使用会污染地下水、对野生动物造成伤害的农药。因此，认为更进步发达的科技是对环境的救赎，在许多人听来显得过于天真、讽刺，甚至自相矛盾。

当然，这并不代表这是错误的。不过，提议保护环境最好的方式是燃烧大量能源和购买许多物品，好让我们负担得起研究如何解决由燃烧大量能源和购买许多物品所造成的问题，这听起来有些不对劲。按照类似逻辑，我们也可以主张：解决美国社会肥胖问题最好的方式，就是让大家保持吃太多、动太少的生活方式，因为越多人有这个问题，医疗科学和药物学就越有可能提出有效的解决方法。科技的解决办法可以很神奇，但更常从事会制造有待解决之问题的活动本身是有违常理的。以降低伤害作为处理问题的第一步绝对更加合理。如果你怀疑自己得了肺气肿，第一步应该是停止抽烟，即便得知未来将有某个厉害的新疗法问世也一样。当问题越来越迫切，却迟迟未踏出这显而易见的第一步，是非常不负责任的行为——我们对全球变暖的回应便是如此。

至于声称我们需要通过消费促进经济发展，好让政府有足够税收支持环保研究，如果繁荣国家的政府真的资金短缺、不知如何创造收入的话，这个论点会比较有说服力。但事实并非如此。金字塔顶端的人把持了巨额财富——在这个时代可以是数亿，甚至数十亿美元——表示体制里是有很多钱的。采用更进步的税收政策，譬如经济学家罗伯特·弗兰克提倡的消费税[18]，以及大批经济学家建议的碳税，便能大幅提高政府对环保的公共投资。重新调整支出优先顺序也能创造相同效果。奥巴马政府在2015年提案，将自由裁量支出预算的55%（6400亿美元）分给军事支出，只有3%（380亿美元）分给环保署及能源部。[19]在加拿大、英国、中国、俄罗斯、印度、巴西和其他大型经济体中，也能发现相似但不那么极端的不平衡：多数政府花在环保上的预算远不及国防。

▲ ▲ ▲

提倡简约生活的环保主义论点，超越了传统上选择此种生活方式的理由。犬儒学派、伊壁鸠鲁学派、斯多葛学派、方济会修士、佛教徒、耆那教徒和其他提倡简约生活的思想流派，主要是以个人幸福的角度为出发点而选择此种生活方式，但环保主义则较为关注其他不那么利己的价值，例如保护干净的空气与水源、保存现存的生态系统，以及维护自然之美。当然了，实现这些目标对每个人都有利，但重点并非放在自身可以获得什么好处上，而是放在如何让全人类，乃至包括非人类生命形式的整个地球获益上。因此，环保主义论点拥护了一种更强有力的道德律令。伊壁鸠鲁学派或爱比克泰德提出的建议，构成了康德所谓的"追求自身幸福的建议"（counsels of prudence），指导我们如何追求快乐。相较之下，环保主义的律令则告诉我们，人类有道德义务至少在某些层面上选择更简单的生活方式，以减少对自然环境的负面影响。

我们不该立刻把反驳这项观点的论点抛于脑

后。它们言之有理。计算环境冲击是很复杂的；许多真相是违背直觉的；有时候简约、节俭和环保无法并存；相较于企业行为和政府政策，个人行为的影响微乎其微；科技革新是环保的关键。但上述论点都无法推翻一个普遍论题：把生活导向节俭朴实的人越多，越有助于减少人类集体的生态足迹。这个论点能合理地被加进支持简朴的早期节俭智者所提出的一系列论点中。但反对意见也十分重要，可以提醒我们，就算事情看似或感觉起来是正确的，也不代表客观来说就是正确的。有效的环保主义必须保持开放心态，做足自我批评，才能承认这点。人类当前面临的问题关乎生死，我们不能让意识形态蒙蔽了真相。但怀疑论者也应抱持同样开放的心态，认识到世界目前运行的方式——持续不断、无穷无尽地追求经济增长和消费者满意度，而对造成的环境后果满不在乎——可能是一条通往大灾难的道路。

结　语

> 如果必须靠超过个人意愿或一个井然有序的
> 社会理当需要的过度劳动，才能确保拥有美好生
> 活的基本要素，则个人自由便会受到极大的限
> 制。

——本书作者

旧约圣经《传道书》的作者写下了著名的句子："太阳底下没有新鲜事。"奥勒留在《沉思录》中所见略同。

> 回望过去——帝国更迭——你能由此推断，
> 未来也是一样的，事件变化的节奏是躲不掉
> 的。这便是观察人世四十年和一千年并无二致
> 的原因。你真有看到什么新鲜事吗？[1]

过去两千年来，这些作者被拥戴为智慧的源泉，确实也实至名归。不过，他们说错了。科学革命、工业革命和资本主义的诞生重塑了世界，彻底改变了一切。因此，节俭传统的某些教诲在今天已不再那么适用，也没那么有吸引力了。举例来说，人们实践禁欲主义的动机是追求吃苦耐劳品质、肉

体和精神上的纯洁，或某种形式的启示。但对于生活在相对安全、舒适及世俗的世界，这些奉行禁欲主义的理由不太有吸引力。人们不再需要吃苦耐劳、纯洁与无垢的宗教概念，充其量只需要适度的节制。相较于以证据与论点为基础、人人都能获得的知识相比，私密、经验性的启示显得微不足道。

尽管如此，节俭朴实的其他方面无疑仍相当适用。在财务上保持精明审慎在今天或任何时代都是明智的做法，对个人和对国家机关皆然，诚如2007年美国的房地产泡沫化所示，数百万人因此积欠了比房屋实际价值更高的房贷。投身低成本生活的能力及意愿——节俭的核心价值——仍是全世界大部分人必须实践的美德。在今日，或许有更多人能理性地抛弃古老的节俭传统，在能力范围内过着奢侈的生活。但多数人无法做到这点，甚至连有办法这么做的人都怀抱着不安全感。他们或许不再需要担心内战、流亡、饥荒或瘟疫，但活在一个不断变化的世界，随时有可能失去工作，或发现自己的专长不再符合市场需求。

有趣的是——几乎到吊诡的地步——本书第一章提及的许多简朴概念所指的生活方式，尽管已与现代生活不同步，但却重新引起人们的兴趣。不仅如此，这种吸引力的主要成因，正是现代生活中使简约生活凋零的那些元素。

拿亲近自然为例。自工业革命起，人口便开始从乡村迁移到都市，而在 1950 年至 2005 年，全世界的都市人口已增长了四倍。全世界如今有一半以上的人口住在城市，而且都市化的趋势预计仍将继续。到了 2005 年，已开发区域有 74% 的人口住在都市区，联合国预测，到 2030 年，这个数字将增长到 81%。[2] 虽然每隔一段时间就会听到关于相反趋势的讨论（或许是来自追求真实的文艺青年或意在归根的长者），都市的吸引力还是大得难以抗拒，特别是对年轻人来说。人们在城市里找到工作、机会、关系和文化。但许多都市居民仍有意识或无意识地感受到一种需要与自然联结的渴望。因此很多人选择自我充电的方式是到自然环境中度假，譬如海边、湖畔或山林里。乡间小屋或农舍甚是简朴，脱离了现代都市生活中实体与数码的喧嚣，与一般人的日常处境和生活方式大相径庭，因此在现代人眼中散发着前所未有的吸引力。

或以自给自足为例，这也是节俭朴实的传统价值之一。一个人越融入现代社会，就越无法自给自足，这并不只是因为现代生活对电力的依赖。现代的职场与家居生活离不开复杂的物质与信息基础建设。此外，对今日的许多人来说，他们受雇从事的工作比过去更专业化、更花心力，也有更高的报酬。因此他们更有可能，也更有能力，付钱请别人做他们以前会自己动手做的事，例如照顾孩子、打扫房子、铲雪、维修房屋、维修汽车；他们也不太可能想自己种菜、制作和缝补衣服。那些自给自足的小动作，例如织毛衣或自己风干香草，主要是一种态度的表示，象征有志如此，而非实际减少依赖。尽管如此，我们不该鄙视这些行为。"自己动手做"本质上就令人满足，它传达了独立的渴望，值得我们尊敬。诚如马修·克劳福德在《摩托车修理店的未来工作哲学》中所论称的，这么做能帮助我们活得不那么抽象，也就是不会过于理智、过于狭隘，与生命的基本元素太过疏离。[3]诚如与自然重新联结的渴望，想要更自给自足的冲动——就算只是象征性的举动——是在面对持续把我们推往反方向的当代生活趋势时情有可原的反应。

享受简单愉悦也有相似的道理。多亏经济宽裕、科技革新与全球化，我们今天拥有的休闲娱乐选择前所未有地多。如果这样也有所抱怨，未免太过无礼；如果像个有"卢德主义"[①]倾向的坚定加

---

① 卢德主义（Luddism），19世纪英国民间对抗工业革命、反对纺织工业化的社会运动，后世将反对任何新科技的人称作卢德主义者（Luddite）。

尔文教徒般拒绝这一切享受，也未免太过荒谬。为什么不尝尝异国料理，玩新开发的游戏，欣赏新的艺术形式，试试新的神奇科技呢？就连某些我们认为很简单的愉悦，例如骑自行车或聆听音乐，通常都仰赖现代科技。然而，伊壁鸠鲁称颂的简单愉悦——特别是那些以友谊为主的娱乐活动——依旧纯朴。比较珍奇稀有的经验可有可无。有时，正是无止境增长的诱人经验，使我们理解、进而欣赏伊壁鸠鲁和其他智者所推崇的基本愉悦。

同一因素产生的矛盾，让节俭朴实哲学显得既过时又适合现代，这种矛盾甚至可见于我们的购物能力与购物习性。现在的生活成本究竟与过去相差多少很难精确计算。在美国，将通货膨胀纳入计算后，在过去十到二十年，学费、卫生保健费和其他本地劳工的服务费变得昂贵许多。而衣服和电脑之类的商品，因为主要来自制作过程已高度自动化或是雇用低薪劳工的国外工厂，售价大幅降低。[4] 我们也得考量收入变化，这会影响一个人必须工作多少小时，才负担得起特定商品，同时也不能忽略商品品质的提升。不过，有件事毋庸置疑：比起过去，几乎所有人如今都能轻易购买大量物品。衣服、厨具、居家用品、书籍、玩具、科技产品，物美又价廉。对优先购买二手或促销商品的节俭狂人来说，商品的价格基本上已无关紧要了。

　　这类情况的优点在于，只要你不是穷人，无须为了购买鞋子、五斗柜、高尔夫球杆或数码相机而斤斤计较。缺点在于，许多人逐渐积累了超过所需的物品，为塞爆了的橱柜、阁楼、地下室和车库而痛苦。在极端案例中，想要获得和收藏的癖好变成了病理学症状，可能主宰一个人的生活，成为需要治疗的心理疾病。在不那么严重的案例里，人们聘请清理专家来处理堆积如山的物品。这问题不只发生在少数怪人身上。2009 年，美国有两亿平方米的自助储藏空间。10% 的家庭租用了这些空间，其中有一半被用来存放家里摆不下的物品（即便住房平均面积已经创下史上新高）。[5] 在英国，对专业清理的需求普遍到甚至出现了"专业清理师与整理师协会"。再一次，我们看到了，恰恰是这种使传统的节省行为失去意义的力量（因为现在物价太便宜了），创造了简化生活的新理由。

⶯ ⶯ ⶯

　　现代生活促使人们渴望简朴的一项特色大概是科技、社会和文化的迅速变化。当然啦，有些人乐在其中。就像冲浪者，他们享受乘风破浪。他们对简朴主义者缅怀过去的倾向兴趣索然，而且觉得一个步调缓慢、更安稳——他们或许会称为"停滞"——的理想世界颇为无趣。脸书激励人心的口号"横冲直撞，破旧立新"背后就是这样的思维。但对许多人来说，世界改变的速度制造了各式各样的问题与焦虑。传统行事方式被舍弃、用心维护的社群崩解、曾受重视的技能变得一文不值、外包或机器取代了稳定工作。位于社会经济结构底层者所受的影响往往最大，他们缺乏现今社会看重的教育以及与资讯相关的技能。但即便拥有足够资源跟上社会脚步的人也会觉得变化快得令人精疲力竭，于是向往步调更慢、更安稳的生活方式。

马克思是最早将持续变化指认为资本主义代表性特质的人之一，"现代性"无疑也有相同特质。他完全了解此特质对传统社会的破坏性，但这并非他批评资本主义体制的基础。他批评资本主义的剥削、导致危机的倾向，以及使一般大众变得贫穷的趋向，但他其实很推崇资本主义持续革新生产工具，进而释放人类智慧与劳动的那种超乎想象的力量。尽管如此，他的社会主义愿景仍带有歌颂简朴的一些传统色彩。用理性驾驭资本主义释放的科技力量，应当促使人类从乏味、无用的工作中挣脱。阶级斗争的结束将迎来一个空前稳定的时代。在他

描述未来共产主义社会的面貌时，他的想象洋溢着
田园式理想，在这个理想世界里，由于不再需要劳
动分工，人们能够"在早晨打猎，午后钓鱼，傍晚
畜牧，晚餐后评论"。[6]

对马克思来说，想要克服现代性造成的苦难，
就得继续推进充分收割科技进步带来的好处。相
较之下，节俭朴实的现代拥护者时常声称，他们
倡导的观点与生活方式调整的确能够改变社会。塞
西尔·安德鲁斯是"简朴种子协会"的创办人，她认为
自发性简朴是"社会变迁的特洛伊木马"。[7]其根本信
念（或说是希望）是认为社会将对二战以降成为西
方社会标志的过度消费做出回应，然后随着人们对
环境议题的重视逐渐升高，特别是全球变暖，会有
更多人接纳节俭、简朴、缓慢以及相关价值。根据
一些报道，千禧一代（大概是 1980 年到 2000 年出
生的一代）展现了此趋势的一些迹象。他们对自有
房屋不那么感兴趣，也愿意和别人共享而非购买汽
车。他们懂得利用科技省钱，使用 Zipcar（交通）、
Airbnb（居住）和 thredUP（衣服）等公司的服务
来简化生活。时代的钟摆正在改变方向，一场文化
剧变即将到来。

或许吧。我个人会乐于相信，节俭狂人和自愿
过简约生活的人能引领大众习惯与价值的转变。他

们绝对展现了重要的社会功能，试着让人们注意到消费文化脱缰之后的愚蠢，也试着替这种文化踩刹车。斯格尔、弗兰克和其他人都对此消费文化有所批评。问题是，轻踩刹车对一个巨型卡车来说起不了作用。另外一个问题是，就连试着踩刹车的人也难以避免搭乘那辆卡车，以致增加了它的重量和动能。极端节俭的人为数不多，多数同情简朴哲学的人还是盼望得到更好的消费商品——更节能的机器、更好的智能型手机、更快的电脑和更酷的手机应用程序。我们或许会批评消费主义、担忧世界改变的速度快得令人望尘莫及，但我们还是和其他人一样，想要使用新的科技、适应新的变化。

渴望社会变化更激进的人甚至会论称，节俭朴实的拥护者实际上鼓励了人们接受一种不公平的经济体系。如同耶稣的戒律——"恺撒的物当归恺撒"被批评是为剥削和不平等背书，节俭智者们的建议也被视为在告诉人们别去要求更大的面包，而要学着如何享受只靠面包屑过活。但这种批评是错误的。节俭朴实的导师们批评贪婪和消费主义，是基于工作更努力、赚更多钱、买更多东西并非通往满意人生的道路。这个论点基本上正确，也有充分证据可作为支撑。另一论点则指出工作、赚钱和消费是人类幸福的重要成分——我们很清楚谁最能从这个论述中获益。

尽管如此,激进批评的背后可能存在合理怀疑,质疑简朴哲学时常带有某种我行我素和寂静主义的色彩。我省吃俭用、自种粮食、保持心灵纯净、睥睨那些还没开窍的家伙,而且因为极少的生态足迹感觉良好。部分节俭智者欣然接受这种批评,但只有部分如此。事实上,伊壁鸠鲁和斯多葛这两大古老学派的差异就在这里。两个学派都寻求心灵平静,但伊壁鸠鲁学派倾向于脱离世界,尽可能减少接触政治,因为政治很容易带来挫折,斯多葛学派则大力鼓吹公民责任感,期望培养不受不可避免的挫折与烦恼干扰的心理状态。我们当然能提倡非个人主义的节俭朴实。确实,斯多葛学派明确地主张,越不关注个人利益,我们就越能为全体利益做出贡献。此外,在今天的世界里,个人主义主要体现在消费主义和追求财富地位的竞争中。因此,对这类倾向的批评,通常也等同于对个人主义的批评。

如同简约生活与对社群的顾念之间不必然有冲突,简约生活与享受文明的果实也不一定得有所矛盾。唯有当享受这些果实必须仰赖拥有可观的私人财富时,享受文明的果实才成了问题。因此,依循简朴哲学的政策将确保这般事情不会发生。在现实中，这包含了两个目标。第一，确保基本需要如粮食、居住、卫生保健、育儿、教育和交通成本低廉，人人都能负担；第二，在合理范围内，确保其他财产作为公共设施供大众使用，而非成为私人特权——这些财产包括接触自然美景区、公共海滩、小径、公园、花园、图书馆、运动设施、艺术馆、博物馆、音乐会、讲座，诸如此类。这点已在许多国家获得不同程度的实践，但还有很多领域的相关政策仍有可观的发展空间。以美国为例，6岁到17岁的孩童可享有免费的普通教育，但居住、托儿服务和大学的高额费用，未能使低收入人群免于生存焦虑，而且有种处于社会经济阶级底层的气馁，这种气馁的感受又被许多明显可见的不平等指标强化。美国确实有许多极佳的公共设施，举凡从了不起的国家公园到史密森学会（世界最大的博物馆和研究中心园区），全都是免费的，但加尔布雷斯在20世纪50年代的观察至今依旧成立："公共设施没能跟上私人消费的脚步"，导致"一种私有丰饶、公家落魄的氛围"。[8]

赞成要推动节俭智者所提倡的价值的政策，不是什么前所未有的事，也不艰涩难懂。这个论点的要旨显然是平等：希望人人都有途径接触愉悦与满足感的重要来源，而非仅限于有钱人。除了重视公平，这么做的另一个理由是，使人们选择简约生活之举更容易且更合理。此处的推理是出于自利而非道德的考虑。它并未将"修士的美德"理当带来的教化效果付于实践。恰恰相反，它旨在减轻许多人对自己满足基本需要的能力的焦虑，由此提升心灵平静，提供民众通往最重要愉悦之源的通行证，以及帮助人们更不费力地选择从容不迫的生活方式。

赋予人民这项选择是拓展其自由的一个重要方式，拓展自由也是每个人或多或少都支持的基本价值。如果必须靠超过个人意愿或一个井然有序的社会理当需要的过度劳动，才能确保拥有美好生活的基本要素，则个人自由便会受到极大的限制（这样的限制，对以自由之名极力反对公共服务扩张的人来说，根本不是问题）。古代哲学家无疑十分注重自由，将其视为美好生活的关键要素。但他们和我们之间一个饶有趣味的重大差异在于，我们对如何运用这种自由才是好的有更多元的观点。柏拉图和亚里士多德认为世上存在一个特定的理想生活方式（他们恰好是指哲学家的生活），但现代人大多认为美好生活并没有一个特定标准。在特定范围内，也就是，只要一个人基本需求得到满足，能充分享有自主权、政治和宗教自由、心理健康，以及美好的人际关系，我们便认为很多不同的生活方式都能令人满足，包括与节俭朴实大相径庭的生活方式。尽管如此，节俭朴实的生活方式还是值得推荐，因其所展现的价值及其所承担的责任，使之始终是通往知足常乐最可靠的道路之一，而且我们有理由称其为智慧之道。

译名对照

绪　论

《简约生活》	*Simple Living*
爱美·迪希逊	Amy Dacyczyn
《吝啬鬼公报》	*The Tightwad Gazette*
美国哲学学会	American Philosophical Association
《量词变异和本体论缩简主义》	*Quantifier Variance and Ontological Deflationism*
《模态丰富的持续论》	*Modally Plenitudinous Endurantism*
卢修斯·阿纳尤斯·塞内卡	Lucius Annaeus Seneca
马可·奥勒留	Marcus Aurelius
托马斯·莫尔	Thomas More
米歇尔·德·蒙田	Michel de Montaigne
让-雅克·卢梭	Jean-Jacques Rousseau
伏尔泰，弗朗索瓦-玛丽·阿鲁埃	Voltaire, François-Marie Arouet
塞缪尔·约翰逊博士	Dr. Samuel Johnson
拉尔夫·沃尔多·爱默生	Ralph Waldo Emerson
亨利·戴维·梭罗	Henry David Thoreau
威廉·欧文	William Irvine
《像哲学家一样生活：斯多葛哲学的生活艺术》	*A Guide to the Good Life: the Ancient Art of Stoic Joy*

第一章

杰弗里·乔叟	Geoffrey Chaucer
本杰明·富兰克林	Benjamin Franklin
德博拉·富兰克林	Deborah Franklin
《致富之道》	*The Way to Wealth*
查尔斯·狄更斯	Charles Dickens
《大卫·科波菲尔》	*David Copperfield*

安东尼·特洛勒普	Anthony Trollope
《红尘浮生录》	*The Way We Live Now*
威廉·萨克雷	William Thackeray
《名利场》	*Vanity Fair*
《小杜丽》	*Little Dorrit*
乔治·艾略特	George Eliot
《米德尔马契》	*Middlemarch*
肯尼斯·切诺尔特	Kenneth Chenault
美国运通	American Express
奥斯卡·王尔德	Oscar Wilde
锡诺普的第欧根尼	Diogenes of Sinope
柏拉图	Plato
亚历山大大帝	Alexander the Great
《鲁滨孙漂流记》	*Robinson Crusoe*
丹尼尔·笛福	Daniel Defoe
《爱弥儿》	*Emile*
瓦尔登湖	Walden Pond
阿米什人	Amish
基布兹集体农场	kibbutzim
盖乌斯·穆索尼乌斯·鲁弗斯	Gaius Musonius Rufus
威廉·华兹华斯	William Wordsworth
康科德（马萨诸塞州）	Concord, Massachusetts
《瓦尔登湖》	*Walden, or Life in the Woods*
塞拉俱乐部	Sierra Club
伊壁鸠鲁	Epicurus
罗宾·莱茵哈特	Rob Rhinehart
加尔都西会	Carthusian Order
穆罕默德	Muhammad
巴尔·谢姆·托夫	Baal Shem Tov
犹太教哈西迪派	Hasidic Judaism
摩诃毗罗	Mahavira
乔达摩·悉达多（佛陀）	Siddhartha Gautama

施洗者约翰	John the Baptist
亚西西的方济各	Francis of Assisi
圣雄甘地	Mahatma Gandhi
列夫·托尔斯泰	Leo Tolstoy
巴鲁赫·斯宾诺莎	Baruch Spinoza
弗里德里希·威廉·尼采	Friedrich Wilhelm Nietzsche
路德维希·约瑟夫·约翰·维特根斯坦	Ludwig Josef Johann Wittgenstein
《简单的礼物》	*Simple Gifts*
震教徒	Shakers
毕达哥拉斯学派	Pythagoreans
威廉·巴特勒·叶芝	W. B. Yeats
因尼斯弗里	Innisfree
阿图尔·叔本华	Arthur Schopenhauer
英吉利饭店	Hotel Englischer Hof
玛格丽特·维特根斯坦	Margaret Wittgenstein
落水山庄	Fallingwater
弗兰克·劳埃德·赖特	Frank Lloyd Wright
考夫曼家族	Liliane and Edgar J. Kaufmann Sr.
《论简朴》	*On Simplicity*

第二章

《远大前程》	*Great Expectations*
《圣本笃会规》	*Rule of St. Benedict*
里沃兹的艾尔雷德	Aelred of Rievaulx
北雅茅斯镇（缅因州）	North Yarmouth, Maine
鲍登学院	Bowdoin College
塔斯库勒姆学院（田纳西州）	Tusculum College, Tennessee
米利都的泰勒斯	Thales of Miletus
汤姆·沃尔夫	Tom Wolfe
《虚荣的篝火》	*The Bonfire of the Vanities*
赫蒂·格林	Hetty Green

《哲学的慰藉》 | *The Consolation of Philosophy*
约翰·斯图尔特·穆勒 | John Stuart Mill
《功利主义》 | *Utilitarianism*
杰里米·边沁 | Jeremy Bentham

第三章

赫西俄德 | Hesiod
W. H. 戴维斯 | W. H. Davies
保尔·拉法格 | Paul Lafargue
《懒惰的权利》 | *The Right to Be Lazy*
伯特兰·罗素 | Bertrand Russell
约翰·梅纳德·凯恩斯 | John Maynard Keynes
鲍勃·布莱克 | Bob Black
艾伦·狄波顿 | Alain de Botton
《序曲》 | *The Prelude*
波德莱尔 | Baudelaire
简·奥斯汀 | Jane Austen
山姆·弗克 | Sam Volk
芭芭拉·埃伦赖希 | Barbara Ehrenreich
《我在底层的生活》 | *Nickel and Dimed*
《森林王子》 | *The Jungle Book* (1967)
珍·卡萨兹 | Jean Kazez
《金钱与好的生活》 | *How Much Is Enough?*
罗伯特与爱德华·斯基德尔斯基 | Robert and Edward Skidelsky
艾萨克·牛顿 | Isaac Newton
查蒂·史密斯 | Zadi Smith
欧内斯特·沙克尔顿 | Ernest Shackleton
哈莉特·塔布曼 | Harriet Tubman
戴夫·布鲁诺 | Dave Bruno
丹尼尔·吉尔伯特 | Daniel Gilbert
杰罗姆·石格尔 | Jerome Segal

阿尔贝·加缪	Albert Camus
《局外人》	_The Stranger_
艾瑞克·弗洛姆	Erich Fromm
E.O. 威尔逊	E. O. Wilson
《论人的天性》	_Biophilia_
理查德·洛夫	Richard Louv
维吉尔	Virgil
威廉·巴特勒·叶芝	William Butler Yeats

第四章

大卫·休谟	David Hume
皮尤研究中心	Pew Research Center
厄尔·威尔逊	Earl Wilson
塞缪尔·贝克特	Samuel Beckett
夏洛蒂·勃朗特	Charlotte Brontë
《简·爱》	_Jane Eyre_
阿里斯提波	Aristippus
但丁	Dante
《神曲·地狱篇》	Inferno, _Divine Comedy_
丹尼尔·卡内曼	Daniel Kahneman
阿莫斯·特沃斯基	Amos Tversky
哈尔·阿克斯	Hal Arkes
凯瑟琳·布鲁默	Catherine Blumer
伊凡·冈察洛夫	Ivan Goncharov
《奥勃洛莫夫》	_Oblomov_
所罗门王	King Solomon
马可·波罗	Marco Polo
《屋顶上的提琴手》	_Fiddler on the Roof_
玛莎·努斯鲍姆	Martha Nussbaum
凯瑟琳·布	Katherine Boo
《地下城》	_Behind the Beautiful Forevers_

第六章

安格斯·迪顿	Angus Deaton
保罗·克鲁格曼	Paul Krugman
《纽约时报》	*New York Times*
格劳孔	Glaucon
全美流浪者与贫民法律中心	National Law Center on Homelessness and Poverty
国际特赦组织	Amnesty International
格罗弗·诺奎斯特	Grover Norquist
美国税制改革协会	Americans for Tax Reform
平民保育团	Civilian Conservation Corps
《经济学人》	*the Economist*
经济与政策研究中心	Center for Economic and Policy Research
迪恩·贝克	Dean Baker
斯塔芬·林德	Staffan Linder
《过度劳累的美国人》	*The Overworked American*
朱迪丝·利希滕伯格	Judith Lichtenberg

第七章

约翰·罗斯金	John Ruskin
威廉·莫里斯	William Morris
爱德华·卡彭特	Edward Carpenter
约翰·缪尔	John Muir
基思·海多恩	Keith Heidorn
大卫·欧文	David Owen
《绿色都市》	*Green Metropolis*
迈克尔·波伦	Michael Pollan
迈克尔·斯佩克特	Michael Specter
迈克尔·芒格	Michael Munger
罗利市（北卡罗来纳州）	Raleigh, North Carolina
罗伯特·弗兰克	Robert Frank

结　语

《传道书》	*Ecclesiastes*
马修·克劳福德	Matthew Crawford
《摩托车修理店的未来工作哲学》	*Shop Class as Soulcraft*
专业清理师与整理师协会	Association of Professional Declutterers & Organisers
塞西尔·安德鲁斯	Cecile Andrews
简朴种子协会	Seeds of Simplicity
史密森学会	Smithsonian Institution
J.K.加尔布雷斯	J. K. Galbraith

致　谢

国家人文基金会	National Endowment for the Humanities
纽约阿尔弗雷德大学	Alfred University, New York
苏特·杰哈利	Sut Jhally
贝格仁论坛	Bergren Forum

注　释

绪　论

1. 呼吁俭朴和／或简约生活，抑或批评消费主义的热门读物包括：

- Amy Dacyczyn, *The Complete Tightwad Gazette* (New York: Villard, 1998);
- John de Graaf et al., *Affluenza: The All-Consuming Epidemic*, 2nd ed. (San Francisco: Berrett-Koehler, 2005);
- Juliet Schor, *The Overspent American: Why We Want What We Don't Need* (New York: Harper, 1999);
- Charles Long, *How to Survive without a Salary: Learning How to Live the Conserver Lifestyle* (Toronto: Warwick Publishing, 1988);
- Jeff Yeager, *The Ultimate Cheapskate's Road Map to True Riches: A Practical (and Fun) Guide to Enjoying Life More by Spending Less* (New York: Broadway Books, 2008);
- Vicki Robin and Joe Dominguez, *Your Money or Your Life: 9 Steps to Transforming Your Relationship with Money and Achieving Financial Independence* (New York: Penguin, 1992);
- Gregory Karp, *Living Rich by Spending Smart: How to Get More of What You Really Want* (Upper Saddle River, NJ: FT Press, 2008);
- Lauren Weber, *In Cheap We Trust: The Story of a Misunderstood American Virtue*(New York: Little, Brown and Company, 2009);
- Solomon Shepherd, *The Lost Art of Frugality: A Frug's Philosophy* (N.p.: HCL, 2002);
- Ed Romney, *Living Well on Practically Nothing* (Boulder, CO: Paladin Press, 2001)。

2. 专门讨论俭朴或简约生活的代表性网站包括：

- Simple Living Network，http://www.simpleliving.net/;
- The Simple Dollar，https://www.thesimpledollar.com/;
- Value of Simple，https://www.valueofsimple.ca/;
- The Minimalists，https://www.theminimalists.com/;
- New Dream，https://newdream.org/;

- Slow Movement，http://www.slowmovement.com/；

- Research and Degrowth (R&D)，https://degrowth.org/；

- The Dollar Stretcher，https://www.stretcher.com/；

- Happy Simple Living，https://www.happysimpleliving.com/；

- Choosing Voluntary Simplicity，http://www.choosingvoluntarysimplicity.com/。

3. William B. Irvine, *A Guide to the Good Life: The Ancient Art of Stoic Joy* (Oxford: Oxford University Press, 2009).

第一章

1. Benjamin Franklin, *Autobiography*, in *Autobiography and Other Writings*, ed. Ormand Seavey (Oxford: Oxford University Press, 1993), p. 85.

2. Ibid., pp. 81-82.

3. Ibid., p. 82.

4. Franklin, "The Way to Wealth," in *Autobiography and Other Writings*, pp. 264-74.

5. 维多利亚时代的小说还有其他欠债的角色，包括萨克雷《名利场》的罗登·克劳莱、狄更斯《小杜丽》的威廉·杜丽，以及乔治·艾略特《米德尔马契》的利德盖特医生。

6. Diogenes Laërtius, *The Lives and Opinions of Eminent Philosophers*, trans. C. D. Yonge (London: G. Bell and Sons, 1915), p. 230.

7. Epicurus, "Fragments," in *The Stoic and Epicurean Philosophers*, ed. Whitney J. Oates (New York: Modern Library, 1940), p. 44.

8. Daniel Defoe, *Robinson Crusoe* (New York: Norton, 1994), p. 86.

9. See Jean-Jacques Rousseau, *Emile*; or, *On Education*, trans. Allan Bloom (New York: Basic Books, 1979), pp. 184-186.

10. See M. Billerbeck, "The Ideal Cynic from Epictetus to Julian," in *The Cynics: The Cynic Movement in Antiquity and Its Legacy*, ed. R. Bracht Branham and Marie Odile Goulet-Cazé (Riverside: University of California Press, 2000), p. 226.

11. Marcus Aurelius, *Meditations*, XI, trans. Gregory Hays (New York: Modern Library, 2003), p. 150.

12. William Wordsworth, "The Tables Turned," in *The Prelude, Selected Poems and Sonnets*, ed. Carlos Baker (New York: Holt, Rinehart and Winston, 1954), p. 77.

13. Henry David Thoreau, *Walden and Civil Disobedience*, ed. Owen Thomas (New

York: Norton, 1966), p. 61.

14. Ibid., p. 75.

15. Ibid., p. 88.

16. Ibid., p. 213.

17. Epicurus, "Fragments," in *The Stoic and Epicurean Philosophers*, p. 46.

18. Epicurus, "Principal Doctrines," in *The Stoic and Epicurean Philosophers*, p. 37.

19. Epicurus, "Fragments," in *The Stoic and Epicurean Philosophers*, p. 48.

20. See Jean Kazez, *The Weight of Things: Philosophy and the Good Life* (Oxford: Blackwell, 2007), pp. 18-23.

21. See Friedrich Nietzsche, *On the Genealogy of Morals*, Third Essay, in *Basic Writings of Nietzsche*, trans. Walter Kaufmann (New York: Modern Library, 1968).

22. W. B. Yeats, "The Lake Isle of Innisfree," in *W. B. Yeats: Selected Poetry* (London: Macmillan, 1974), p. 16.

23. See Roy Baumeister and John Tierney, *Willpower: Rediscovering the Greatest Human Strength* (New York: Penguin, 2011).

24. Arthur Schopenhauer, "Aphorisms on the Wisdom of Life," in *Parerga and Paralipomena*, trans. E.F.J. Payne (Oxford: Clarendon Press, 1974), p. 417.

25. See Rudiger Safranski, *Schopenhauer and the Wild Years of Philosophy*, trans. Ewald Osers (Cambridge, MA: Harvard University Press, 1987), pp. 283-285.

26. Franklin, *Autobiography and Other Writings*, p. 229.

27. Ibid., p. 230.

28. Michel de Montaigne, "On Ancient Customs," in *The Complete Essays*, trans. and ed.M. A. Screech (New York: Penguin, 1987), p. 332.

第二章

1. See Plato, *Republic*, bk. 4, trans. G.M.A. Grube, revised by C.D.C. Reeve, in *Plato: Complete Works*, ed. John Cooper (Indianapolis: Hackett, 1997).

2. Cited in Julie Kerr, *Life in the Medieval Cloister* (London: Continuum, 2009), p. 43.

3. Frederick Rudolph, *The American College and University* (Athens: University of Georgia Press, 1990), p. 124.

4. Cited in ibid., p. 121.

5. Cited in ibid.

6. See ibid., pp. 122-123.

7. Epicurus, Fragment 47, in *The Stoic and Epicurean Philosophers*, p. 47.

8. Marcus Aurelius, *Meditations*, p. 10.

9. Seneca, Letter on Holidays, in *The Stoic Philosophy of Seneca*, trans. Moses Hadas (New York: Norton, 1958), p. 180.

10. Seneca, "On Tranquility of Mind," in *The Stoic Philosophy of Seneca*, p. 120.

11. Proverbs 23:4.

12. Ibid., 5:9.

13. Ibid., 28:4.

14. Ecclesiastes 2:24.

15. 1 Timothy 6:10.

16. Plato, *Republic*, 1.331ab.

17. Jean-Jacques Rousseau, *First Discourse, in The First and Second Discourses*, trans. Roger D. and Judith R. Masters (New York: St. Martin's Press, 1964), p. 43.

18. Diogenes Laërtius, *Lives and Opinions*, p. 226.

19. Plato, *Republic*, 2.369b-372e.

20. Epicurus, Letter to Menoeceus, in *The Stoic and Epicurean Philosophers*, p. 31.

21. See Friedrich Nietzsche, *The Gay Science*, Aphorisms 110 and 344, in *The Gay Science*, trans. Walter Kaufmann (New York: Vintage, 1974).

22. See Jürgen Habermas, *The Theory of Communicative Action*, vol. 1, *Reason and the Rationalization of Society*, trans. Thomas McCarthy (Boston: Beacon Press, 1981).

23. Plutarch, *Makers of Rome*, trans. Ian Scott-Kilvert (New York: Penguin, 1965), p. 123.

24. Boethius, *The Consolation of Philosophy*, trans. V. E. Watts (New York: Penguin, 1969), p. 67.

25. Seneca, "On Providence," in *The Stoic Philosophy of Seneca*, p. 44.

26. Schopenhauer, "Aphorisms on the Wisdom of Life," in *Parerga and Paralipomena*, pp. 321-322.

27. Ibid., p. 331.

第三章

1. Marcus Aurelius, *Meditations*, IV.

2. Seneca, Letters, in *The Stoic Philosophy of Seneca*, p. 244.

3. Proverbs 28:19.

4. Hesiod, *Works and Days*, in Hesiod, *Works and Days and Theogony*, trans. Stanley Lombardo (Indianapolis, IN: Hackett), line 310.

5. *The Rule of Saint Benedict*, trans. Abbot Justin McCann (Westminster: The Newman Press, 1952), chap. 48, "On the Daily Manual Labor."

6. Franklin, "The Way to Wealth," in *Autobiography and Other Writings*, p. 268.

7. W. H. Davies, "Leisure," in *Collected Poems of William H. Davies* (New York: Knopf, 1927), p. 18.

8. William Wordsworth, "Expostulation and Reply," in *The Prelude, Selected Poems and Sonnets*, p. 76.

9. Paul Lafargue, *The Right to Be Lazy and Other Studies*, trans. Charles H. Kerr (Chicago: Charles H. Kerr & Company, 1907), p. 30.

10. Bertrand Russell, "In Praise of Idleness," in *In Praise of Idleness and Other Essays* (New York: Unwin Books, 1962), p. 12.

11. See Bob Black, "The Abolition of Work," in *The Abolition of Work and Other Essays* (Port Townsend, WA: Loompanics Unlimited, 1986), and Alain de Botton, *The Pleasures and Sorrows of Work* (New York: Vintage, 2010). Other works on this theme include Anders Hayden, *Sharing the Work, Saving the Planet* (London: Zed, 2000); Juliet Schor, *The Overworked American: The Unexpected Decline of Leisure* (New York: Basic Books, 1992); Madeleine Bunting, *Willing Slaves: How the Overwork Culture Is Ruining Our Lives* (New York: Harper, 2005).

12. Schopenhauer, *Parerga and Paralipomena*, p. 351.

13. Seneca, "On Tranquility of Mind," in *The Stoic Philosophy of Seneca*, p. 91.

14. Karl Marx, *Economic and Philosophic Manuscripts of 1844*, in *The Marx-Engels Reader*, 2nd ed., ed. Robert C. Tucker (New York: Norton, 1978), p. 74.

15. Alain de Botton, "Workers of the World, Relax," *New York Times*, September 6, 2004.

16. Sam Volk, "For the Love of Money," *New York Times*, January 18, 2014.

17. Barbara Ehrenreich, *Nickel and Dimed: On (Not) Getting By in America* (New York: Metropolitan Books/Henry Holt & Company, 2001).

18. Epicurus, "Fragments," in *The Stoic and Epicurean Philosophers*, p. 50.

19. Seneca, "Consolation to Helvia," in *The Stoic Philosophy of Seneca*, p. 111.

20. Boethius, *The Consolation of Philosophy*, p. 66.

21. Thoreau, *Walden*, p. 88.

22. See Kazez, T*he Weight of Things*, chap. 5.

23. Epicurus, "Fragments," in *The Stoic and Epicurean Philosophers*, p. 51.

24. Robert and Edward Skidelsky, *How Much Is Enough? Money and the Good Life* (New York: Other Press, 2012), p. 40.

25. Cited in ibid., p. 39.

26. Plato, *Republic*, 442a.

27. Epicurus, "Fragments," in *The Stoic and Epicurean Philosophers*, p. 41.

28. "Zadie Smith's Rules for Writers," *Guardian*, February 22, 2010.

29. Dave Bruno, *The 100 Thing Challenge: How I Got Rid of Almost Everything, Remade My Life, and Regained My Soul* (New York: William Morrow, 2010).

30. See Daniel Gilbert, *Stumbling on Happiness* (New York: Vintage, 2007).

31. Jerome M. Segal, *Graceful Simplicity: Toward a Philosophy and Politics of Simple Living* (New York: Henry Holt, 1999), pp. 52-53.

32. John Rawls, *A Theory of Justice* (Cambridge, MA: Harvard University Press, 1970), p. 440.

33. Marcus Aurelius, *Meditations*, XII.

34. See Thomas More, *Utopia*, trans. Clarence Miller (New Haven, CT: Yale University Press, 2014), bk.2, chap. 4.

35. Henry Howard, "The Means to Attain a Happy Life," in *The Poems of Henry Howard, Earl of Surrey* (Seattle: University of Washington Press, 1920), p. 94.

36. Schopenhauer, *Parerga and Paralipomena*, p. 404.

37. Ibid., pp. 405-406.

38. Matthew 6:25-34 (King James Version).

39. Marcus Aurelius, *Meditations*, VII, p. 86.

40. Seneca, "On the Shortness of Life," in *The Stoic Philosophy of Seneca*, p. 57.

41. Seneca, Letters, in *The Stoic Philosophy of Seneca*, p. 179.

42. Ibid., pp. 178-179.

43. Alice Park, "Study: Stress Shrinks the Brain and Lowers Our Ability to Cope with Adversity," *Time*, January 9, 2012.

44. Elizabeth W. Dunn and Michael Norton, "Don't Indulge. Be Happy," *New York Times*, July 7, 2012.

45. Simon Laham, *The Science of Sin* (New York: Three Rivers Press, 2012), p. 53.

46. 对事物习以为常，以致当我们遭遇的事物没那么美好时，便无法得到享受，关于这一论点的研究可见 Christopher Hsee, Reid Hastie, and Jinquin Chen, "Hedonomics: Bridging Decision Research with Happiness Research," *Perspectives on Psychological Science* 3, No. 3 (2008): 224-43。

47. Ralph Waldo Emerson, "The American Scholar," in *Selections from Ralph Waldo Emerson*, ed. Stephen E. Whicher (Boston: Houghton Mifflin, 1957), p. 78.

48. Marcus Aurelius, *Meditations*, III, p. 28.

49. Ibid., p. 27.

50. Seneca, "Consolation of Helva," in *The Stoic Philosophy of Seneca*, p. 117.

51. Epicurus, "Fragments," in *The Stoic and Epicurean Philosophers*, p. 51.

52. Upton Sinclair, *I, Candidate for Governor: And How I Got Licked* (Berkeley: University of California Press, 1994).

53. See Mihaly Csikszentmihalyi, *Flow: The Psychology of Optimal Experience* (New York: Harper & Row, 1990).

54. 节俭狂人（frugal zealot）一词借自爱美·迪希逊的《吝啬鬼公报》。

55. International Naturist Federation，http://www.inf-fni.org/.

56. Epicurus, *The Stoic and Epicurean Philosophers*, p. 42.

57. Thoreau, *Walden*, pp. 88-89.

58. See E. O. Wilson, *Biophilia* (Cambridge, MA: Harvard University Press, 1984). See also Erich Fromm, *The Heart of Man: Its Genius for Good and Evil* (New York: Harper & Row, 1964).

59. See Richard Louv, *Last Child in the Woods: Saving Our Children from Nature-Deficit Disorder* (Chapel Hill, NC: Algonquin, 2008).

60. See "A Prescription for Better Health: Go Alfresco." *Harvard Health Publications*, July 2010.

61. 斯基德尔斯基父子把"与自然和谐共处"收进他们的美好生活七大基本元素清单。See Skidelsky and Skidelsky, How Much Is Enough?, pp. 162-163.

62. "City vs. Country: Who Is Healthier?" Wall Street Journal, July 12, 2011.

第四章

1. See Plato, *Republic*, 2.369a.

2. Pew Research Center, "Gen Nexters Say Getting Rich Is Their Generation's Top Goal," January 23, 2007.

3. Alicia Hansen, "How Much Implicit Tax Revenue Did Lotteries Raise in FY2010?" Tax Foundation, December 28, 2010.

4. Mark Gillespie, "Lotteries Most Popular Form of Gambling for Americans," *Gallup Poll Monthly*, No. 405 (January 1999).

5. Daniel P. Ray and Yasmin Ghahremani, "Credit Card Statistics, Industry Facts, Debt Statistics," http://www.creditcards.com/credit-card-news/credit-card-industry-facts-personal-debt-statistics-1276.php.

6. BBA Statistics, April 3, 2012.

7. Diogenes Laërtius, *Lives and Opinions*, p. 83.

8. Plato, *Republic*, 8.553cd.

9. Hal R. Arkes and Catherine Blumer, "The Psychology of Sunk Cost," *Organizational Behavior and Decision Processes* 35 (1985): 124-140.

10. 感谢 Lou Lichtman 和 Gordon Atlas 向我指出这个问题。

11. Aristotle, *Nicomachean Ethics* (1119b-1122a), in *The Basic Works of Aristotle*, ed. Richard McKeon (New York: Random House, 1941).

12. See Sonja Lyubomirsky, *The How of Happiness: A New Approach to Getting the Life You Want* (New York: Penguin Press, 2008), pp. 92-94.

13. Voltaire, "Luxury," in *Philosophical Dictionary*, trans. Peter Gay (New York: Basic Books, 1962), p. 369.

14. Ibid.

15. 实例可见 *Odyssey*, bk. 4。

16. See 1 Kings 10:16-26.

17. See *The Travels of Marco Polo, the Venetian*, trans. and ed. William Marsden, reedited by Thomas Wright (New York: Doubleday, 1948), bk. 2, chaps. 6-13.

18. Martha Nussbaum, "How to Write about Poverty," *Times Literary Supplement*, October 10, 2012.

19. Paul K. Piff et al., "Higher Social Class Predicts Increased Unethical Behavior,"

Proceedings of the National Academy of the Sciences of the United States of America 109, No. 11 (2012): 4086-4091.

20. See Barry Schwartz, *The Paradox of Choice* (New York: HarperCollins, 2004).

21. Richard Wilkinson and Kate Pickett, *The Spirit Level: Why More Equal Societies Almost Always Do Better* (London: Bloomsbury, 2009); Joseph Stiglitz, *The Price of Inequality: How Today's Divided Society Endangers Our Future* (New York: Norton, 2013). 在此特别提醒，威尔金森和皮克特的研究方法、证据和结论已受到挑战质疑。实例可见 Peter Saunders, "Beware False Prophets: Equality, the Good Society and the Spirit Level," Policy Exchange, July 8, 2010。

22. Daniel Kahneman and Angus Deaton, "High Income Improves Evaluation of Life but Not Emotional Well-Being," *Proceedings of the National Academy of Sciences of the United States of America*, August 4, 2010.

23. See Daniel Kahneman, *Thinking Fast and Slow* (New York: Farrar, Straus and Giroux, 2011), p. 396.

24. Skidelsky and Skidelsky, *How Much Is Enough?*, p. 75.

25. Plato, *Republic*, 4.442a.

26. Nietzsche, *The Gay Science*, bk. 1, 14.

27. See Kathleen D. Vohs, Nicole L. Mead, and Miranda R. Goode, "The Psychological Consequences of Money," *Science* 314, No. 5802 (November 2006): 1154-1156.

28. Bernard Mandeville, "The Grumbling Hive," in *The Fable of the Bees, or Private Vices, Public Benefits*, ed. Irwin Primer (New York: Capricorn Books, 1962), lines 177-202.

29. Adam Smith, *The Theory of Moral Sentiments* (Oxford: Oxford University Press, 1979), p. 184.

30. See Skidelsky and Skidelsky, *How Much Is Enough?*, pp. 49-53.

31. David Hume, "On Refinement in the Arts," in *Essays: Moral, Political, and Literary* (Indianapolis, IN: Liberty Fund, 1985), p. 272.

32. See Edward Deci, *Why We Do What We Do: Understanding Self-Motivation* (New York: Penguin, 1996).

33. See Dan Ariely, "What's the Value of a Big Bonus?" *New York Times*, November 19, 2008.

第五章

1. Diogenes Laërtius, *Lives and Opinions*, p. 83.

2. CNN.com Transcripts, September 21, 2001, http://transcripts.cnn.com/TRANSCRIPTS/0109/21/se.20.html.

3. "Stop Saving Now!" *Newsweek*, March 13, 2009.

4. Scott Shane, "Start Up Failure Rates: The Definitive Numbers," *Small Business Trends*, December 17, 2012.

5. See Phil Izzo, "Congratulations to the Class of 2014, Most Indebted Ever," *Wall Street Journal*, May 16, 2014.

6. Proverbs 19:10.

7. Thorstein Veblen, *The Theory of the Leisure Class: An Economic Study of Institutions* (New York: Dover, 1994), chap. 4.

8. Schor, *The Overspent American*.

9. Peter Singer, "The Singer Solution to World Poverty," *New York Times*, September 5, 1999.

10. Claudia D'Arpizio et al., "Luxury Goods Worldwide Market Study Fall-Winter 2014: The Rise of the Borderless Consumer," *Bain Report*, December 31, 2014.

11. Federal Reserve Economic Data, https://research.stlouisfed.org/fred2/series/GFDEBTN.

12. Goethe, *Faust*, trans. Walter Kaufmann (New York: Anchor Books, 1963), lines 1770–75.

13. Ibid., lines 1753-59.

14. Ibid., lines 1699-1702.

15. Plato, *Gorgias*, 492e, in *Plato: Complete Works*.

16. 实例可见 Leaf Van Boven and Thomas Gilovitch, "To Do or to Have? That Is the Question," *Journal of Personality and Social Psychology* 85, No. 6 (2003): 1193-1202。

17. Seneca, "On Tranquility of Mind," in *The Stoic Philosophy of Seneca*, p. 93.

18. See Aristotle, *Nicomachean Ethics*, bk. 4.

19. Plato, *Republic*, 3.416c-417b.

20. Melanie Hicken, "Average Wedding Bill in 2012: $28,400." CNN Money, http://

money.cnn.com/2013/03/10/pf/wedding-cost/.

21. Cited in "The Wedding Industrial Complex," *Newsweek*, June 15, 2013.

22. See Malcolm Moore, "Chinese Brides Go for Gold as Their Dowries Get Bigger and Bigger," *Telegraph*, January 4, 2013.

第六章

1. Joanne Ciulla, *The Working Life: The Promise and Betrayal of Modern Work* (New York: Three Rivers Press, 2000), p. 200.

2. Hesiod, *Works and Days*, lines 133–39.

3. Ovid, *Metamorphoses*, bk. 1.

4. *The Stoic Philosophy of Seneca*, p. 228.

5. Boethius, *The Consolation of Philosophy*, pp. 68-69.

6. Jean-Jacques Rousseau, *Discourse on the Origins of Inequality*, in, *First and Second Discourses*, p. 105.

7. Ibid., p. 110.

8. Ibid., p. 116.

9. See Carl Honoré, *In Praise of Slowness: How a Worldwide Movement Is Challenging the Cult of Speed* (San Francisco: Harper, 2004).

10. Diane Coyle, *The Economics of Enough* (Princeton, NJ: Princeton University Press, 2011), p. 22.

11. See Neil Irwin, "You Can't Feed a Family with G.D.P.," *New York Times*, September 16, 2014. 家庭收入中数取自 Carmen DeNavas-Walt and Bernadette D. Proctor, *Income and Poverty in the United States: 2013, US Census Bureau*, September 2014。

12. 辩论物质和主观福祉之间关联的简明摘要，参见 Justin Fox, "The Economics of Well-Being," *Harvard Business Review*, January 2012。

13. 实例可见 Dirk Philipsen, "Rethinking GDP: Why We Must Broaden Our Economic Measures of Success," *Nation*, June 8, 2011。

14. See Jon Gertner, "The Rise and Fall of the GDP," *New York Times*, May 13, 2010.

15. Coyle, *The Economics of Enough*, p. 51.

16. Richard Easterlin, "Does Money Buy Happiness?" *National Affairs*, No. 30 (Winter 1973).

17. Coyle, *The Economics of Enough*, pp. 23-24.

18. Richard A. Easterlin et al., "The Happiness-Income Paradox Revisited," *Proceedings*

of the National Academy of the Sciences of the United States of America 107, No. 52 (October 2010): 22463-22468.

19. Kahneman and Deaton, "High Income Improves Evaluation of Life but Not Emotional Well-Being."

20. See Robert H. Frank, *Luxury Fever: Why Money Fails to Satisfy in an Era of Success* (New York: Free Press, 1999), chaps. 8 and 9.

21. Paul Krugman, "Invest, Divest, and Prosper," *New York Times*, June 27, 2013.

22. Steve Crabtree, "In U.S., Depression Rates Higher for Long-Term Unemployed," *Gallup Well-Being*, June 9, 2014, http://www.gallup.com/poll/171044/depression-rates-higher-among-long-term- unemployed.aspx.

23. See Frank, *Luxury Fever*, pp. 105-106.

24. Dan Witters and Sangeeta Agrawi, "Smoking Linked to $278 Billion in Losses for U.S. Employers," *Gallup Well-Being*, September 26, 2013, http://www.gallup.com/poll/164651/smoking-linked-278-billion-losses-employers. aspx.

25. "Global Food—Waste Not, Want Not," Report by the Institution of Mechanical Engineers, 2013, http://www.imeche.org/docs/default-source/reports/Global_Food_Report.pdf.

26. Dana Gunders, "How America Is Losing up to 40 Percent of Its Food from Farm to Fork to Landfill," National Resources Defense Council Issue Paper, August 2012, http://www.nrdc.org/food/files/wasted-food-ip.pdf.

27. "'Simply Unacceptable': Homelessness and the Human Right to Housing in the United States 2011," A Report of the National Law Center on Homelessness & Poverty, http://www.nlchp.org/Simply_Unacceptable.

28. Tanuka Loha, "Housing: It's a Wonderful Right," Amnesty International Human Rights Now Blog, December 21, 2011, http://blog.amnestyusa.org/us/housing-its-a-wonderful-right/.

29. Mary Ellen Podmolik, "Average Home Size Sets New Record," *Chicago Tribune*, June 2, 2014; US Census Bureau data, https://www.census.gov/const/C25Ann/sftotalmedavgsqft.pdf.

30. See Schor, *The Overspent American*, pp. 169-173.

31. Anne Lowry, "The Wealth Gap in America Is Growing, Too," *New York Times*, April 2, 2014.

32. 实例可见于 "Thirty-Five Hours of Misery: Europe Wakes Up to the Folly of Excessive Labour-Market Regulation," *Economist*, July 15, 2004。

33. Richard Venturi, "Busting the Myth of France's 35-Hour Workweek," *BBC Capital*, March 13, 2014, http://www.bbc.com/capital/story/20140312-frances-mythic-35-hour-week.

34. See Chris Matthews, "French Workers Aren't As Lazy As You Think," *Fortune*, August 28, 2014.

35. OECD StatExtracts, http://stats.oecd.org.

36. Cited in Peter Hawkins, "Nobel Winner Defends France", Connexion, December 2013.

37. Figures taken from *Federal Reserve Economic Data*, http://research.stlouisfed.org/fred2/. 亦见 Anders Hayden 如何记述工时缩减运动的进展（*Sharing the Work, Saving the Planet*）。

38. Staffan Linder, *The Harried Leisure Class* (New York: Columbia University Press, 1970).

39. Skidelsky and Skidelsky, *How Much Is Enough?*.

40. Schor, *The Overworked American*.

41. Judith Lichtenberg, "Consuming Because Others Consume," *Social Theory and Practice* 22, No. 3 (Fall 1996): 273-297.

第七章

1. Genesis 1:28.

2. Aristotle, *Politics*, bk. 1, chap. 8, trans. Benjamin Jowett, in *Basic Works of Aristotle*, p. 1137.

3. Keith Thomas, *Man and the Natural World: Changing Attitudes in England 1500-1800* (Oxford: Oxford University Press, 1983), p. 91.

4. Ibid., p. 264.

5. De Graaf et al., *Affluenza*, p. 93.

6. Keith Heidorn, "The Art of Ecofrugality, *Living Gently Quarterly*, http://www.islandnet.com/~see/living/articles/frugal.htm.

7. "Corn Biofuels Worse Than Gasoline on Global Warming in Short Term-Study," *Guardian*, April 20, 2014, http://www.theguardian.com/environment/2014/apr/20/corn-biofuels-gasoline- global-warming.

8. Christina Nunez, "How Green Are Those Solar Panels, Really?" *National Geographic*, November 11, 2014.

9. "An Updated Lifecycle Assessment Study for Disposable and Reusable Nappies," publication of the Environmental Agency, 2008, https://www.gov.uk/government/uploads/system/uploads/attachment_data/ file/291130/scho0808boir-e-e.pdf.

10. Richard Gray, "Greener by Miles, *Telegraph*, June 3, 2007.

11. David Owen, *Green Metropolis: Why Living Smaller, Living Closer, and Driving Less Are the Keys to Sustainability* (New York: Riverhead Books, 2009).

12. Lloyd Alter, "Is Burning Wood for Heat Really Green?" *Treehugger*, June 6, 2011.

13. Michael Pollan, *The Botany of Desire* (New York: Random House, 2002).

14. Michael Specter, "Big Foot," *New Yorker*, February 28, 2008.

15. See Owen, *Green Metropolis*, p. 300. See also Will Boisvert, "An Environmentalist on the Lie of Locavorism," *Observer*, April 16, 2013, http://observer.com/2013/04/the-lie-of-locavorism/4/.

16. Michael Munger, "Recycling: Can It Be Wrong When It Feels So Right?" *Cato Unbound*, June 3, 2013.

17. See Michael Braungart and William McDonough, *Cradle to Cradle: Remaking the Way We Make Things* (New York: North Point Press, 2002).

18. See Frank, *Luxury Fever*.

19. Numbers taken from National Priorities Project, https://www.nationalpriorities.org/budget-basics/federal-budget-101/spending/.

结　语

1. Marcus Aurelius, *Meditations*, VII, pp. 92-93.

2. United Nations Department of Economic and Social Affairs, "World Urbanization Prospects: The 2005 Revision," http://www.un.org/esa/population/publications/WUP2005/2005wup.htm.

3. Matthew B. Crawford, *Shop Class as Soulcraft: An Inquiry into the Value of Work* (New York: Penguin Press, 2009).

4. See Annie Lowrey, "Changed Life of the Poor: Better Off, but Far Behind," *New York Times*, April 30, 2014.

5. Jon Mooallem, "The Self-Storage Self," *New York Times*, September 2, 2009.

6. Karl Marx and Friedrich Engels, *The German Ideology*, in Tucker, *The Marx-Engels Reader*, p. 160.

7. Cited in de Graaf et al., *Affluenza*, p. 184.

8. John Kenneth Galbraith, *The Affluent Society* (New York: Houghton Mifflin, 1958), p. 203.

致　谢

我提议用一年时间体验奢华生活和大肆挥霍的实地研究没获得任何补助。不过，我由衷感谢美国国家人文基金会提供的暑期薪金，支持了本书部分的早期写作。书中传达的任何观点、研究、发现、结论或建议并不等于美国国家人文基金会的立场。我还想借此机会感谢阿尔弗雷德大学及其人文和科学学院的支持，以及我的人文研究部门同事的支持。

2002年，我在阿尔弗雷德开了一门课，叫作"小气鬼：一天一块钱的美好生活"，开始把简朴当作一个哲学课题。尽管课程内容包括一些轻松的实务元素（像是让学生们互相帮忙剪头发），同时也经常讨论伊壁鸠鲁和梭罗等思想家的经典哲学作品，以及苏特·杰哈利和斯格尔等学者的当代社会评论。此后，我反复开设这门课，还加开了一门谈论幸福的相关课程。感谢所有参与这些课的学生，让我受益良多。我在2012年12月的阿尔弗雷德大学"贝格仁论坛"第一次发表部分书中概念后，也得到不少出席者的宝贵意见。

关于简约或挥霍生活的问题总是能挑起有趣的对话和逸闻趣事。因此，我对这些主题的想法受到很多人的影响（有时可能是无意间造成的）。我特别感谢以下这些人：

Mark Alfino, Bob Amico, Gordon Atlas, Cecilia Beach, Robert Bingham, Bonnie Booman, Sylvia Bryant, John Buckwalter, Beka Chase, Sarah Chase, Dan Cherneff, Jean Cherneff, Lila Cherneff, Peter Cherneff, Rose Cherneff, Chris Churchill, Ann Cobb, Jack Cobb, Max Cobb, Priscilla Cobb, Bill Dibrell, Paul Dingman, Beth Ann Dobie, Joe Dosch, Vicki Eaklor, Nancy Evangelista, Juliana Gray, Allen Grove, Sam Hone-Studer, Chris Horner, Ben Howard, Amy Jacobson, Lou Lichtman, Fenna Mandolang, Randy Mayes, Mary McGee, Drew McInnes, Mary McInnes, Rahul Mehta, Dudley Merchant, Susan Merchant, Susan Morehouse, Otto Muller, Gary Ostrower, Tom Peterson, Rob Price, Becky Prophet, Craig Prophet, Melissa Ryan, Marilyn Saxton, Rosemary Shea, Sandra Singer, Jeff Slutyter-Beltrao, Djuna Thurley 和 Hester Velmans。

普林斯顿大学出版社挑选的两位匿名审查

者，为初稿提供了建设性的反馈。Lauren Lepow 这位一流的编辑使定稿在各方面增色不少。Rob Tempio 在写作期间提供了宝贵的协助、支持和忠告。我对他们心怀感激。

最后，特别感谢我身边的家人，Vicky，Sophie 和 Emily，谢谢你们的爱与支持，以及各种贡献。我最要感谢的还是 Vicky，谢谢你阅读全书并对初稿批评指教，以及你为我做的一切。

图书在版编目(CIP)数据

简朴的哲学：为什么少就是多？ /（美）埃默里斯·韦斯特科特（Emrys Westacott）著；叶品岑译. --北京：社会科学文献出版社，2023.2
书名原文：The Wisdom of Frugality: Why Less Is More – More or Less
ISBN 978-7-5228-1290-8

Ⅰ.①简… Ⅱ.①埃… ②叶… Ⅲ.①哲学－研究 Ⅳ.①B0

中国版本图书馆CIP数据核字（2022）第254812号

简朴的哲学：为什么少就是多？

著　者 / 〔美〕埃默里斯·韦斯特科特（Emrys Westacott）
译　者 / 叶品岑

出 版 人 / 王利民
组稿编辑 / 段其刚
责任编辑 / 周方茹　陈嘉瑜
文稿编辑 / 周　愿
责任印制 / 王京美

出　　版 / 社会科学文献出版社·联合出版中心（010）59367151
　　　　　　地址：北京市北三环中路甲29号院华龙大厦　邮编：100029
　　　　　　网址：www.ssap.com.cn
发　　行 / 社会科学文献出版社（010）59367028
印　　装 / 南京爱德印刷有限公司

规　　格 / 开　本：889mm×1194mm 1/32
　　　　　　印　张：10.25　字　数：172千字
版　　次 / 2023年2月第1版　2023年2月第1次印刷
书　　号 / ISBN 978-7-5228-1290-8
著作权合同
登 记 号 / 图字01-2019-1379号
定　　价 / 68.00元

读者服务电话：4008918866

🔺 版权所有　翻印必究